JN060153

20代を「どう生きるか」を教えてくれる100の言葉

川北義則

KKロングセラーズ

はじめに

誰でも小学生くらいになると、格言の一つや二つくらいは覚えるようになるだろう。たとえば「急がば回れ」といった言葉など、いつしか頭に入ってくるようになる。それが「急《せ》いては事を仕損じる」と、少々難しい言葉に変わっても内容は同じだ。

だが、長じて会社勤めを始めて仕事が忙しくなると、まったく逆の意味の「巧遅は拙速に如《し》かず」といった言葉が身につくようになる。

現実の仕事にかかわってみると、レスポンスが早く、行動的なビジネスマンがすぐれているとわかってくるからだ。それだけ人間的に成長したことになるのだろう。とにかく若いときは失敗を恐れず、何事にも果敢に挑戦してみるのがいい。

また、ある程度の年齢になると、人間関係などで悩んだとき、ときには勝つことよりも負けることの大切さもわかってくる。下手に勝つより上手に負けたほうがいいときもあるのだ。そんなとき、本書にも登場している徳川家康の「勝つことばかり知りて、負くることを知らざれば、害その身にいたる」という言葉に納得したりする。

誰にも自分に適した格言なり、身上としている短い言葉があるはずだ。その言葉が、ときに自分の人生をガラリと変えたりもする。そんな可能性のある役に立つ言葉をピックアップしたのが本書である。

ちなみに、私にも好きな言葉がある。これは私自身も育ったことのある北国に伝えられた言葉の一つで、「雪と欲は積もれば積もるほど道を忘れる」というものだ。歩く「道」と、人としての歩むべき「道」を引っかけた言葉なのである。

いつ、どんなとき、どのような言葉が印象に残るか、それぞれの時と場合によって違ってくるだろうが、自分の心情にぴったりと合った言葉こそが、きっとあなたの背中を後押しする。

あなた方には、「時間」という大きな財産がある。

ぜひ、本書の中から、自分自身の「座右の銘」を選んで、生きる糧としてもらいたい。

川北　義則

20代を「どう生きるか」を教えてくれる100の言葉

目次

もくじ

一人になる時間を持ちなさい

孤独は知恵の最善の乳母である。

（シュティルネル／ドイツの思想家）

携帯電話やパソコンによって、一日二十四時間、人と人がつながっているような状態は異常である。こんな状態では人の心は休まらない。意識はすぐに慣れるから「別にどうってことない」と思っているのだろうが、心の深層はそうではないことに気づくべきだ。

たとえば、午後に来客がある日の午前中、まだたっぷり時間があっても、何となく落ち着かない。迎える準備や用件などを考えると、ふだんどおりに仕事に打ち込めない状態になることがある。ケータイやパソコンが普及して以来、社会全体がそういう状態になっている。そんな環境下で、じっくり物事を考えられるわけがない。

この言葉はそれを指摘している。格言のシュティルネルは十九世紀の人だ。産業革命以来、都市化が進む社会変化のなか、人々から孤独の時間が失われていくことに、彼は危惧を感じたのだろう。すでに、この時代からしてそうだ。いまはそれが極まった状態だ。

こういう事態を私はケータイやパソコンのせいにはしたくない。あくまで道具なのだから、扱う人間の問題である。思い切って電源を切り、一日一回、孤独になる時間を持つようにすればいい。いま大切なことは、〈たった一人〉になれる時間を持つことである。

「なにわざにつけても、ひとり侍《はべ》るばかり澄みたることはなし」（慶政／鎌倉時代の僧）

嘘のつけない世の中になってきた

嘘つきの名人でないかぎり、
真実を語るのがつねに最良策である。

（ジェローム／イギリスの作家）

「嘘も方便」ということもあり、思いやりの嘘もあるから、一概に嘘を否定はできない。余命半年のガン患者に、それを本人に告げない嘘もある。

ただ、電子メディアの発達によって高度の情報集積化が進み、かつてなかったリスクが生じてきた。それを考えると、不都合な真実を隠蔽《いんぺい》しておくのは無理になった。嘘はいつかバレるようになる。

よい例がウェブサイトのウィキリークスだ。強国アメリカがいくら脅しても、彼らの暴露をやめさせることはできない。一種の情報テロだが、現代社会はテロにはなす術を持たないのだ。このことは個人も同じである。隠したい秘密があっても、たった一人で全世界にそれを発信できる。そんな恐ろしい世の中だ。

日本のサラリーマンは組織に忠実で、会社の不都合は「死んでも明かさない」という生き方を是とするところがある。キリスト教圏は神との約束で嘘は大きな罪とされ、それゆえ嘘には敏感だが、日本人は自分が納得してつく嘘にはあまり罪の意識を持っていない。

だが、これからはそういう生き方は難しくなることを肝に銘じたい。

「嘘つきの受ける罰は、人が信じてくれないというだけのことではなく、ほかの誰をも信じられなくなるということである」（バーナード・ショー／イギリスの劇作家）

何事にも「準備するくせ」をつけなさい

幸運は準備のできたものに味方する。

（パスツール／フランスの科学者）

準備が大切だということは誰でも知っているが、現実には「準備への自覚」に欠けていることが多いのではないか。いまは便利な世の中で、万全の準備をしなくても大概のことは、その場で何とかなるからだ。

だが、そんな行き当たりばったりの生活をしている人は、絶対にまとまった成果を上げることはできない。科学者であるパスツールのこの言葉にはそういう意味が込められている。「自分には運がないなあ」と思う人は、この言葉をしっかりかみしめる必要がある。

「私はどの番組でも、スタッフが持っているカンペというのを見ません。与えられた台本をそのまま現場に持ち込むこともしない。手間がどれほどかかっても小さいノートやメモに必ず書き起こして、流れと必要事項が自分にわかるように準備しますね」

『徹子の部屋』という伝説的な長寿番組を仕切っている黒柳徹子さんの言葉だ。あの番組を見ていると、素人の私たちには、ただゲストと気楽におしゃべりをしている、としか見えないが、裏ではこれだけの準備がなされているのだ。

「青春は単なる人生の花盛りではなく、来るべき結実の秋への準備の季節である」（竹越与三郎／明治〜昭和期の歴史家）。こういう心構えで、どんなことも「準備する」というくせをつけよう。それをするかしないかで、そこからの人生は大きく違ってくる。

お金についてはこの考え方だけで十分

十分な金がなければ、
人生の可能性の半分は締め出されてしまう。

（モーム／イギリスの作家）

お金は、たしかに人生の大きな拠り所である。昔はお金を稼ぐことが難しかったから、人々はそのために精を出した。もちろん「いまだって同じだ」と思う人がいるだろうが、いまと昔では次元が違う。昔は、お金がないことが生死にかかわった。

いまは、それほど極端ではない。だから、人によっては高をくくって、お金を粗末に扱う。また、お金を軽蔑したりする。どちらも豊かな社会だからできることだ。

私はお金に関して、あれこれ考える必要はないと思っている。それこそ、このモームの言葉だけ頭に入れておけば用は足りる。モームという人は子供の頃からお金で苦労しているから、平凡に見えるこの言葉にも実に深い意味が込められている。

「金だけが人生ではないが（略）人生の可能性の半分は締め出されてしまう」という言葉だけで、お金至上主義も清貧の思想も出る幕はなくなる。問題は「十分な金」だが、これは「自分の身の丈に合った額のお金」と理解すればいいだろう。

人はよくお金に関する議論をするが、どんな考え方もそれぞれ「一理はある」と思っておけばいい。だいたい、お金は議論の対象にするものではない。稼いで使うものだ。とくに若い諸君は、もっと「人生の可能性」のほうに頭を使うべきだろう。「金儲けのうまい人は、無一文になっても自分という財産を持っている」（アラン／フランスの哲学者）

仕事にまさる善きことなし

仕事は、退屈と悪事と貧乏を遠ざける。

（モロア／フランスの作家）

仕事に関しては、先人たちがいろいろな発言を残しているが、いまいち理解しきれなかったのではないだろうか。「仕事の苦しみこそ、また真の喜び」（マニリウス／古代ローマの著述家）。こんな感じの言葉が多いからだ。

モロアのこの言葉は、「なぜ仕事をしなければならないか」について、簡潔ながら過不足なく語っている。まさに仕事の効用は、このとおりではないか。

仕事が忙しいと「休みたいな」と思うが、仕事のない退屈さに比べれば、仕事をしているほうがまだいい。また「小人閑居《しょうじん》して不善をなす」というが、仕事をしていれば、その暇はない。さらに「稼ぐに追いつく貧乏なし」である。

退屈がしのげて、悪いことをする暇もなく、貧乏することもない……さらにつけ加えれば、世の中の人から評価される。仕事くらい人生にとって〈やりがい〉のあることは、ほかに見当たらない。

だから私は「死ぬまで働け」を信条にしている。

「一生瓜を作っても馬の蹄鉄《ていてつ》を造っても、また一生杉箸を削って暮らしても差し支えない。何によらずそのことが最善に到達したなら、その人も幸福であるし、また世にも幾千かの貢献を残す」（幸田露伴／作家）

チャンスをつかむための共通項がある

みずからを助けない者には
チャンスは巡ってこない。

（ソフォクレス／古代ギリシャの詩人）

チャンスに出会わない人などいない。ただ、それを捕えられなかっただけだ――というカーネギーの言葉があるが、「本当かな」と疑っている人もいるのではないか。そういう人はソフォクレスのこの言葉もピンとこないだろう。

チャンスをつかむためには、どうやって自らを助ければいいのか？　スポーツの控え選手の身に、自分を置いてみればいい。たとえば野球の打者なら、試合に出してもらえないことには、満塁ホームランを打つことはできない。

スター選手になるチャンスをつかむには、まず試合に出してもらえるように努力することが第一だ。これが自分を助けるということ。宝くじに当たる幸運を手に入れたいなら、売り場へ行って買うことだ。これが自らを助けるということである。

チャンスについては、いろいろな名言がある。

「チャンスが二度、ドアを叩くなどと考えるな」（シャンフォール／フランスの劇作家）。「機会は鳥のようなもの。まだ飛び去らぬ前に捕えなければならない」（シラー／ドイツの詩人）。「もし機会が見つけられないなら、自分で機会をつくれ」（スマイルズ／イギリスの作家）。

これらに共通項のあることにお気づきか。それは〈本人次第〉ということである。

洗練された社交術を会得するコツ

今日《こんにち》はという挨拶やお天気の話などは、
挨拶のなかで一番重要な深い意味をもっている

（椎名麟三／作家）

社交という人とのつきあいは、外形だけのように見えながら、〈世間〉という社会の縮図のなかに放り込まれるようなものである。決して侮ってはいけない。

夏目漱石は交際について「お互いに忙しい切りつめた世の中に生きているのだから、お互いに譲り合わなくてはいけない」といっているが、それを実践すると、社交の場では、この言葉の世界になる。

若いうちは「なに無意味なことを言い合ってるんだ」くらいにしか感じられないかもしれないが、こういう会話を無意味と思わなくなって、はじめて社交の場に出て行く資格が得られるものと心得ていただきたい。

あと二つ、心得ておくべきことがある。一つは次の言葉がよく語っている。「すべて人の交わりは、飽く心の出で来《こ》ぬが肝要なり。いつもいつも珍しき様にすべきなり」(山本常朝／『葉隠』著者)。お互いに飽きているつきあいは、もはや社交ではないのである。

もう一つは鎌倉時代の僧・無住《むじゅう》の次の言葉だ。「人の許《もと》へ行《ゆき》ては、主《あるじ》留《とど》むとも長居すべからず。いかにもいかにもいそぎかへるべし」。

以上のようなことを心得て臨めば、あなたも社交術を会得した人として遇されるだろう。

信用と信頼は同じものではない

信用は一つの財産である。

（ジュベール／フランスの哲学者）

信用と信頼は、人が人を「信じる」という心の働きから生じるように思うかもしれないが、これらはもう少し緻密《ちみつ》に考えてみる必要がある。たしかに信じる心がなければ、信用も信頼もできない。だが、「信じる」という心の働きは、ごく個人的な場合と、社会性を帯びた場合に分けて考えたほうがいい。

個人的に「信じる」というとき、人はかなり自由というか、いい加減な信じ方をする。極端な話、人は信じたいと思うものを、理由も根拠も無視して信じる。「愛している」「愛されている」と思うようなときがそうだ。

社会性を帯びた場合は、もう少し慎重になる。信用や信頼は社会的な範囲で生じる場合が多い。ジュベールのこの言葉は、こちらの領域の話である。「約束を守る」といったことを積み上げていけば、人は信用されるようになる。それは財産になる。あるいは実績や経済力も「信用」という財産を築いてくれる。

一方、信頼は基本的には信用の上に築かれるものだが、個人的に「信じる」という心の自由な働きが加わることもある。その意味で、信頼がもっとも重い意味と価値を持っている。信用も信頼も人が信じる心から生まれる。それゆえ強さと脆《もろ》さを併せ持つ。そのことも知っておこう。

父親を誇らしく思う努力をしよう

一人の父親は、百人の校長にまさる。

（ハーバート／イギリスの詩人）

父親の価値を語った言葉である。戦後、日本では父親の権威というものが、情けないほど下落した。それを〈よいこと〉のように思っている人もいる。日本をこれだけ気の緩んだ国にした原因の一つは、父親がだらしなくなったからである。

いまからでも遅くはない。自分の父親をぜひ見直してもらいたい。つまらない男かもしれないが、自分の親なのだ。親をバカにすることは、自分の存在を同じように見るのと変わらない。そんな気持ちのままで、これからも生きていくのだろうか。

どんな父親であれ、「百人の校長にまさる」。そう思えないとしたら、思えないほうが間違っている。昔から、そういう間違いをする人間が大勢いた。だから「父親の価値は死んだ後でわかる」（タミル族のことわざ）といわれるのだ。

「子供たちが父親に結びつけられているのは、自分たちを保存するのに父親を必要とする期間だけである」（ルソー／フランスの思想家）。この言葉も真実である。だから、父親というのは割の合わない存在なのだ。

それにもかかわらず、家族や子供のために働き続ける父親の健気さに学ぶべきだ。そういう姿勢を持てば、必ず父親を誇らしいと思えるようになる。親を誇らしく思える人間は、まず人生を間違えない。間違えない人生はそのまま幸福な人生である。

うまくいく結婚はこれしかない

結婚前には両目を大きく開いて見よ。
結婚してからは片目を閉じよ。

（フラー／イギリスの神学者）

「幸福な結婚というのは、婚約のときから死ぬまで、決して退屈しない長い会話のようなものだ」（モロア／フランスの作家）。どうすれば、そんな関係を維持していけるのか。それを教えてくれるのが、フラーのこの言葉である。

結婚してしまったら、お互い片目は閉じておくに越したことはない。それが人生の知恵というものだ。ある男は「妻かさぶた論」を唱えている。「かさぶたは無理にはがすと血が出て痛い。自然にはがれるまで放っておくしかない」というものだ。

「結婚生活で、いちばん大切なのは忍耐である」（チェーホフ）。これに倣えば、かさぶたと思うのは一つの考え方ではある。だが、そんなのは悲しすぎる、という人もいるだろう。しかし、結婚というのは、その程度のもので、あまり大げさに考えないほうがいい。

詩人ハイネは「結婚生活……いかなる羅針盤も、かつて航路を発見したことのない荒海」といった。これはいまも変わらない。先人たちはいろいろいうが、自分の経験がモノサシなので、誰もが納得できるものになっていない。親は選べないが、伴侶は選べる。それゆえ、みんな贅沢をいう。「馬には乗ってみよ、人には添うてみよ」で、いいのではないか。

悪妻で名高い妻を持ったソクラテスの弁。「結婚するのがいいか、しないのがいいかと聞かれれば、どちらも後悔するだろう、と私は答える」

「満足すること」を知らないのは一生の不幸

もし汝の持てるところのものに
不満足であるならば、
全世界を得るとも不満足であるだろう。

（セネカ／古代ローマの哲学者）

不幸な人というのは、決まって満足を感じられない人である。些細《ささい》なことでも「満足」が得られると、つかの間であれ人は幸せを感じる。そういう感覚が積み重ねられれば、人生そのものが幸福なものになる。

セネカのこの言葉は、これから生きていくうえで絶対に覚えておいて損のないものだ。現代社会は欲望社会である。「もっと、もっと」と欲望をエスカレートさせるのが現代人の特徴である。

不足して求めるならいいが、有り余っていてもまだ求める。ブランド志向の人など、その典型だ。病気に近いが、この病気は自覚症状のないことが多い。そんな生き方が幸福の道でないことは明らかである。

給料が二倍になっても喜びはつかの間。しばらくすれば、また不満に思うようになる。どこまで行ってもキリのないのが、欲望の世界だ。どこかで「知足」ということを覚えなければならない。

知足とは老子の言葉で「足るを知る者は富む」という考え方だ。満足することを知らないと、一生富むこともなく不幸のままだ。それでもいいのか。

男女は協力し合って生きる

男女功をかえ、相よりて業を為す。

（『亢倉子《こうそうし》』／中国道家の書）

男と女は役割分担しながら協力し合って生きていくものだ、ということ。これがもっとも健全に男女の関係を表現した言葉だろう。こと男と女の話になると、古今の名言も力が入るのか、部分的には鋭い言葉がたくさんあるが、全体像を突いたものは少ない。たとえばこんな調子だ。「女がいなかったら、男は神のように生きていくだろう」（デッカー／イギリスの劇作家）。そんな気もするが、反論もある。「女がいなかったら、男は荒々しく粗野で孤独であろう」（シャトーブリアン／フランスの作家）

一面の真実を突いてはいるが、真反対の考え方もできるから、いつも結論は出ない。わかっているのは、世の中には男と女しかいないこと。考えてみれば、これは恐ろしい。もし、男、あるいは女によくない印象を持ってしまったら、個別のアプローチが難しくなる。一度ピーマンが嫌いになったら、見向きもしなくなるのと同じだ。人間はピーマンと違って、もう少し多様性があるから、根気よく個別に当たってみることだ。

人は、とかく「……というものは」という言い方が好きだが、それが全体像を適切に表現しているケースは稀《まれ》である。

いずれにしろ、世の中の半分は異性なのだから、異性に好感を持たなければ、人生そのものが面白くないではないか。

若いときに、にがい水を飲まなかったやつは、ひだちが悪いよ。

（山本有三／作家）

人生の前半戦で順風満帆な人は、後半戦で苦労するということ。若い君たちは、まだ前半戦の入り口のようなものだ。つらいことや苦しいことがあっても、「修業時代なのだから当然」と受け止めるべきだ。

ところが若いときに限って、「このままの状態がずっと続くのでは……」という思いに駆られやすい。いまの若者たちは、ずっと景気がよくない時代を生きてきているから、なおさらそういう思いが強いようだ。

その責任は、私たち世代から壮年くらいまでの大人にあるが、問題の解決には君たち自身の力が必要だ。若者たちにもっと元気を出してもらわないと、日本が活性化しない。そこで、辛苦を乗り越えるよい方法を伝授しよう。

といって、これは私のオリジナルではない。幾多の辛苦を乗り越えて富豪になった、石油王ロックフェラー一世が実践したといわれるものだ。彼には有名な名言がある。

「私は災難が起きるたびに、結果的にそれがよかったといえるように努力してきた」

以下の五項目は、いわばこの言葉を生んだ背景のようなものである。①いつも明るく、②どんなことも前向きに受け止める、③与えられた条件下で最善を尽くす、④他人の励ましを受け入れる、⑤否定的な言葉に耳を貸さない……ぜひ実行していただきたい。

怒りのエネルギーは自分のために使え

怒りを抑えるもっともよい方法は、
時間を延ばすことである。

（ベーコン／イギリスの哲学者）

「青年よ、もっと怒れ」と、けしかける輩《やから》がいる。それにすぐ乗ってはいけない。なぜ怒るのかもわからずに怒ってはダメだ。怒りは大きなエネルギーだから、けしかけた人間はそのエネルギーを利用するかもしれない。

革命などでよく行われ、いまも行われているのがこれである。では、怒ってはいけないのか。そんなことはない。怒る理由があるのなら、大いに怒るべきだ。ただし、すぐにそれを表に出してはまずい。

「それじゃ、腹にたまって体によくないのでは……」。そのとおり。だが、ここが怒り対策のポイント。人間のエネルギーというのは、性欲でも怒りのエネルギーでも、ほかに転換が可能なのだから、内に秘めたエネルギーは自由に転換して、自分のために使うべきである。

そうすれば、若者の怒りを利用されることもない。自分の内で生じたエネルギーを、正味自分のために使う。この状態に持っていくためには、当面は怒りを抑える必要がある。ベーコンの言葉はそういうこと。「怒るな」とはいっていない。怒りを抑える方法を教えている。

「強き人の怒りは、つねにその時期を待ち得る」(ラスキン/イギリスの評論家)

苦も楽も一緒のことである

苦を厭《いと》ふといふは、
苦楽ともに厭捨《えんしゃ》するなり。

（一遍上人／鎌倉時代の僧）

先憂後楽という言葉がある。先に憂えて、後《おく》れて楽しむ。中国十一世紀ごろの范仲《はんちゅう》淹《えん》という政治家がいった言葉とされる。

「天下の憂いに先立ちて憂い、天下の楽しみに後れて楽しむ」もとは政治家の心得をいったものだ。それが普及して、楽しみは後にとっておけ、という話になった。しかし、われわれはとかくいやなことを先送りして、早く楽しみたいと思う。先楽後憂である。できれば、先楽後楽で行きたいと願う。

ここで一遍上人が教えているのは「そんな虫のよいことを考えてはいけない。苦楽はセツト。苦から逃げるなら、楽も捨てることになる」ということだ。

しかし、こう諭《さと》されても、素直に従う気にはなれないのではないか。では、どうしたらいいのか。私は苦と楽をいちいち分けて考える必要はないと思う。「これは苦、これは楽」と分けたところで、正しいとは限らないからだ。

親に「部屋を片づけろ」といわれるとうんざりだが、恋人が来ると思えば、嬉々として片づけられる。そんなものではないか。

苦を厭うのをやめよう。それは苦ではないかもしれないからだ。楽ばかり求めるのもやめよう。それは楽ではないかもしれない。

愛することは人間であることの証なり

愛、じつにこれが人生のすべてだよ。

（ドストエフスキー／ロシアの作家）

キリスト教の最高価値は愛である。キリスト教信者でなくても、大方の人が「愛の価値」は認めている。だが、この言葉のように、はっきり「すべて」といわれると、簡単にはうなずけないかもしれない。

「愛の実体を追求しすぎることは、ラッキョウの皮をむくようなもので、ムキすぎると無《な》くなってしまいます」（伊藤整／作家）。この作家は「愛は執着だ」ともいっている。愛くらい世の中に普及した言葉はないが、この言葉ほど概念があいまいなものはない。

もう少し、愛の言葉を見てみよう。

「愛とは？　限りない寛容。些細なことから来る法悦、無意識な善意。完全なる自己忘却」（シャルドンヌ／フランスの作家）

「自分のほかの人間たちが、いまあるがままで存在しているのを信じること、それが愛である」（シモーヌ・ヴェイユ／フランスの哲学者）

恋と愛を分けて考えればわかりやすい。愛はギリシャ語のアガペー（神の人間への愛）とエロス（男女の性愛）に分けられる。ドストエフスキーの言葉は、アガペーのほうだ。人間の持つ善きものは、すべてこの愛に源を持っているといっていい。愛することは善き人間の証と理解しよう。「愛は生命の花である」（ボーデンシュテット／ドイツの詩人）

謙虚さに見る人間の価値

つねに謙虚であるならば、
ほめられたときも、けなされたときも、
間違いをしない。

（ジャン・パウル／ドイツの作家）

謙虚は、上手に生きていくために、もっとも有力な武器になる。しかし、そのことを本当に理解している人は少ないのではないか。

謙虚とは「控えめで素直なこと」である。誰の心にもこの気持ちはあるが、ほめられてばかりいると、いつしか天狗《てんぐ》になっていく。けなされ続けていると、自信をなくしたり、憎悪の感情を抱くようになる。人間は、とかく感情に左右される。

「それが当たり前で、少しはそういうところもあったほうが、人間らしくていい」という見方もあるだろう。この意見にも一理はある。だが、抑えるところはきちんと抑えるという意味で、一人前の社会人になったら「謙虚さの意義と大切さ」は、しっかり理解しておく必要がある。

世の中には人間性も失わず、かわいらしさも保ちながら、真に謙虚な人もいるのだ。いったいどんな人たちか。

「一道にもまことに長じぬる人は、みづから明らかにその非を知るゆえに、志《こころざし》つねに満たずして、終《つい》に物にほこる事なし」（兼好法師）。達人の域に達した人は、自分の欠点を自覚しているので、満足することはなく、最後まで自慢するようなことがない——。

究極の謙虚、恐るべし。目指すならこういう人間でありたい。

しゃべるよりも聞く側に回れ

神が人間に一つの舌と二つの耳を授けしは、
しゃべるより、
人から二倍よけいに聞くためなり。

（エピクテトス／古代ローマの哲学者）

いまの人は明らかにしゃべりすぎだ。メールやツイッターなども含めて、一日中ペラペラとくだらないことをしゃべっている。少しは黙ってみてはどうか。

「沈黙は金、雄弁は銀」というではないか。とはいうものの、いまさら「沈黙」はつらいかもしれない。現代では、黙っていたのでは、存在そのものが忘れられてしまうおそれがあるからだ。

そこでエピクテトスのこの言葉が、俄然《がぜん》、生きてくる。しゃべり一に対して、聞くのを二とする。この作戦がいかに得なものか、次の名言が保証してくれている。

「人からよくいわれたいと思ったら、自分のよいところをあまり並べ立てないことだ」（パスカル／フランスの数学者）

「言いたいことを言う者は、聞きたくないことも聞かねばならない」（イギリスのことわざ）

「オウムはおしゃべりが上手だが、飛ぶのは下手だ」（W・ライト／アメリカの発明家）

「沈黙は会話の偉大な話術である。自分の口を閉じるときを知る者はバカではない」（ハズリット／イギリスの評論家）

とにかく、聞き上手なら人間関係もうまくいく。

運のいい人間には共通点がある

長い目で見れば、
生まれつきの利口や金持ちより、
運のいい人間のほうがはるかにいい。

（モーム／イギリスの作家）

これは、まったくそのとおりだろう。人はいろいろな望みを持つが、それが達成されても、暗転することがある。一億円の宝くじに当たったたが、それが原因で一家がバラバラになってしまった、では幸運とはいえない。

運ばかりは自分の思ったようにはいかない。そう誰もが考える。だが、セレンディピティーという言葉をよく見かける。これはちょっと面白い現象だと思う。

セレンディピティーとは「幸せな偶然に出会うこと」「掘り出しものを見つける能力」のことを指す。科学の世界ではわりと知られた言葉で、ノーベル賞をもらうような研究者はみんなセレンディピティーのおかげともいう。セレンディピティーに恵まれる人には、共通する特性があるそうだ。

それは、陽気で楽観的で、勤勉、好奇心に富み、行動的で、あきらめない性格だという。一つひとつはどうということはないが、これらすべてを持ち合わせて継続するのは、けっこう難しいだろう。だが、こんな言葉もある。

「『運命は性格の中にある』という言葉は、決して等閑《なおざり》に生まれたものではない」（芥川龍之介）

勇気を培うのは実践あるのみ

財貨を失ったのは、いくらか失ったことだ。
名誉を失ったのは、多くを失ったことだ。
勇気を失ったのは、すべてを失ったことだ。

（ゲーテ／ドイツの文豪）

この言葉で、ゲーテがいちばん大切に考えているのは「勇気」である。勇気さえあれば、ほかに何を失ってもめげることはないということだ。いまの日本人にいちばん欠けているのは、まぎれもなく勇気である。

若者たちは、人とうまくやることばかり考えて、対立を覚悟で自分の本音を堂々ということが少ない。昔、ある実業家が「バカが仲よくしている会社はつぶれる」といったが、冗談ではなく、日本はいまそんな状態にある。

経済的な危機は世界中がそうだから、日本だけの問題ではないが、日本人の精神的な危機はそれ以上に大問題だ。それもこれも、ひたすら自己保存本能ばかりを優先させ、リスクを避けてきたからだ。

若者たちはその犠牲者ともいえる。木登りをしたことも、小刀で鉛筆を削ったこともないままに成人した若者が少なくない。木に登れば一度や二度は転落するが、そんな些細な危険でも、経験すれば学ぶことは多い。とくに勇気は実践によって培われる。

若者たちよ、もっと勇気を出そう。いまからでもいいから、子供時代にやりたくて禁止されていたことをやってみてはどうか。「為《な》さざるは勇無《ゆうな》きなり」（幸田露伴）。そうでもして、勇気を身につけないと日本の前途は暗い。

つねにワンランク上を目指せ

背伸びして視野をひろげているうち、
背が伸びてしまうということもあり得る。
それが人生のおもしろさである。

（城山三郎／作家）

伸びる人は、みんなどこかで背伸びをしている。グーグルのポリシーは「自分より優秀と思われる人間を採用せよ」であるという。目標もつねに高めに設定して、その目標に挑戦する気概を持つべきだ。

理由は、説明するまでもないだろう。そのほうが自己の成長が早い。目標を立てるときに「達成可能かどうか」を意識することは大切だ。しかし、容易に達成できる目標ではダメ。少しきついレベルの目標でなければ立てる意味がない。城山氏がいっているのはそういうことだ。

同じようなことを、先人たちも口をそろえていっている。

「人は大きな目的を持ってこそ――おのずから――大きくなる」（シラー／ドイツの詩人）

「志を立つることは、大にして高くすべし。小にしてひくければ、小成に安んじて成就しがたし」（貝原益軒）

大きな仕事を達成した人の中には、他人が聞いたら目をむくような破天荒な目標を掲げる者もいる。会社に入ったら「俺は社長になる」くらいのことは思ってかまわない。人は基本的に不可能なことを目標にすることはないから、これも決して無意味ではない。

「無知を恐れる」のは高慢である

無知を恐るるなかれ、偽りの知識を恐れよ。

（パスカル／フランスの数学者）

無知を恐れるな、というのは現代人には通用しにくい忠告だろう。誰だって「無知では困る」と思っているからだ。ましてパスカルは極めつきの秀才だから、そんな人からいわれると、ますます素直には受け取れない、という気がしてくる。

東大を出た人間から「勉強なんか意味はない」「バカなほうが得だよ」などといわれたら、三流大出の心は穏やかではない。だが、パスカルの言葉は額面どおりに受け取れる。無知の強さを真正面から認めたものだからだ。似たことはゲーテもいっている。

「無知な正直者が、しばしば最も巧妙な食わせ者の手管を見抜く」

「愚かなことは、多少の理性で補ってやろうとするより、そっくりそのままにしておく方がいい。理性が愚と交わるとその力を失い、愚も愚なりに往々役立つ性質を失ってしまう」

私は別のことを考える。無知を恐れるとは高慢ではないか、と思うのだ。誰だって賢くなる努力をしているが、「自分は無知から脱した」と言い切れる人間などいない。自覚として無知は恐れるべきだが、自分が賢いと思ったら、それこそ高慢である。

「学問のあるバカは、無知なバカより、もっとバカだ」（モリエール／フランスの劇作家）

「無智にぞありたき」（『一言芳談《いちごんほうだん》』／鎌倉時代の法語集）

人生の肝心なことは愚行が教える

一つも馬鹿なことをしないで生きている人間は、自分で考えているほど賢明ではない。

（ラ・ロシュフコー／フランスの警句家）

若い頃にしでかした愚行は、後になって生きてくる。もちろん、そんな先のことを考えてやるわけではないが、不思議にそうなるものだ。若いときの愚行は〈含み資産〉のようなものと考えていいのではないか。

人間は、バカなことをすることで文明を発展させてきた。たとえば、ふぐ料理などがそうだろう。はじめは、ふぐを食べて死んだ人間が大勢出た。当然、「ふぐは食うな」と伝承されたはずだ。それでも食べたい奴がいて、彼らがバカをやっているうちに、肝を抜けば食べられるということを見つけたに違いない。

「いわゆる頭のいい人は、言わば足の早い旅人のようなものである。人より先に人のまだ行かない所へ行き着くこともできる代わりに、途中の道ばたあるいはちょっとしたわき道にある肝心なものを見落とす恐れがある」（寺田寅彦／物理学者、随筆家）

年をとったら寄り道もそうそうできなくなるが、若いうちはそれができる。せいぜいバカをやって、人生のさまざまな局面や裏側を垣間見てほしい。そのときはムダのように思えても、その後の人生にきっと生きる。

「かしこく思われる必要なし。かしこくあることのみ必要なのだ」（中野重治／作家）

恋愛ほど人生の勉強になるものはない

恋をして恋を失ったほうが、
一度も恋をしなかったよりもましである。

（テニソン／イギリスの詩人）

恋愛に消極的な若者が増えているという。信じがたいことだが、統計でもその傾向がはっきりわかる。いまの若者は興味の対象が多いから、ある程度は予想できるが、この傾向に何か大きな欠落があるように感じる。

若者が異性に恋心を抱くのは、ごく自然の感情だ。青春時代とは恋の季節でもある。恋せずに何が青春か、といいたい。そこで、恋に消極的になった若者たちに進呈したいのが、イギリスの桂冠詩人テニソンのこの言葉なのである。

聞くところによれば、現代の若者が恋に消極的なのは、興味がないのではなく、告白しても断られるのが怖い、ということでもあるらしい。昔からそういうタイプはいたが、いまはそれが増えているということだろう。

だったらなおさらのこと、テニソンの言葉を信じてほしい。恋の告白なんて、モテる人間だって失敗の確率は八、九割、そんなものだ。恋の感情は人間の則《のり》を超える。そういう経験も人生では絶対に必要なのだ。

詩人の北村透谷は「恋愛ありて後、人世あり」といった。恋愛は個人的なことだが、これほど世の中の勉強になることはない。「恋《ラブ》という奴は一度は失敗してみるもいいかも知れぬ、そこで初めて味がつくような気がするね」（若山牧水／歌人）

才能のない人間は一人もいない

才能とは、自分自身を、
自分の力を信じることである。

（ゴーリキー／ロシアの作家）

才能というものは、ほとんどの場合は眠っている。だから「自分の力を信じよ」とゴーリキーはいう。自分で信じない限り、才能は自覚できない。しかし、自覚しただけでは何も始まらないだろう。問題はどうやって自信を引き出すかだ。

基本として心得ておくのは「自分で引き出す」という覚悟だ。他人が見つけて引き出してくれることもある。国際コンクールで優勝した盲目の天才ピアニスト・辻井伸行君は、幼児の頃に母親が才能を発見してくれた。だが、こういうケースは例外だ。

よほど才能があふれ出ていない限り、他人が見つけてくれることは、まずない。「真の才能というものは、孔雀の尾のように、自分で引き出さなければならない」（ノヴィコフ・プリボイ／ロシアの作家）のである。

才能を持っているにもかかわらず、開花させられないのは、自分から「ない」と決めつけているからだ。そんなことでは、あっても気づかない。気づかない才能について、作家の吉行淳之介氏が次のようなことをいっている。

「（才能は）眠ったままで一生が終わる場合もあり、偶然のキッカケでそれが自覚され、みごとに開花することもある」。自覚、やはりこれがいちばん大事なのである。

「根本的な才能とは、自分に何かができると信じることだ」（ジョン・レノン）。

したいことのできる人が成功者

朝起きてから夜寝るまでの間に、
自分が本当にしたい事をしていれば、
その人は成功者だ。

（ボブ・ディラン／アメリカの歌手）

君たちは、どんな人をもって成功者と見るか。また、自分も成功者になりたいと思うか。事業で大成功した人、組織で出世した人、その世界で第一人者になった人……この種の成功は華々しい成功だが、こういう人たちばかりが成功者なのではない。たとえば百歳の高齢まで生き抜いた人も、定年まで無事勤め上げたサラリーマンも、立派な成功者だと思う。人生の成功とは、世間の評価よりも自分の評価を優先させたほうがいい。ボブ・ディランがいいたいのは、そういうことだろう。

ルールのはっきりしたゲームや競技では、勝ち負けが出て当たり前だ。また、事業のような競争世界に参加した場合は、固有のモノサシによる成功、失敗があっていい。サラリーマン社会でも、出世競争の勝ち負けがあってしかるべきだ。

だが、それと人生の勝ち負け、あるいは成功、不成功とは関係ない。出世競争で勝っても、人生がうまく運ばないことはいくらでもある。何かを犠牲にしなければ、特定の分野での大成功というのは成し遂げがたい。人生の成功は、こう考えればいいと思う。

「成功不成功は人格の上に何の価値もない。人は多くそうした標準で価値をつけるが、私はそういう標準よりも理想や趣味の標準で価値をつけるのが本当だと思う」(田山花袋)

この考え方はボブ・ディランとまったく同じである。

家庭・家族を大切にしなさい

炉辺のまどいより愉しきところなし。

（キケロ／ローマの哲学者）

家族は人間関係の基本である。戦後、この家族関係が大きく揺らいだ。核家族化によって、伝統的な家族のあり方が大きく様変わりした。都市化の進展でやむをえない面もあったが、結果的には失敗だったと思う。

若い君たちも、これからは家庭を、家族を大切にしてほしいと思う。まだ家庭を持っていなければ、両親、兄弟、祖父母などいまの家族を、そして新しい家庭を築いたなら、夫婦と子供も含めて、家族や家庭のために生きるという考え方も持ってほしい。

家庭や家族に関して、健全にして普遍的な名言というのは少ない。ここに挙げたキケロの言葉が、いちばん家庭のありがたさを伝えていると思う。キケロに近い内容の名言には、こういうものもある。

「人間は自分の欲しいと思うものを求めて世間を歩き回り、そして家庭に帰ったときにそれを見出す」（ムーア／アイルランドの作家）。「王様であろうと、農民であろうと、自己の家庭で平和を見出すものが、いちばん幸福な人間である」（ゲーテ）

どんな高い地位、多くの財産を手にしたところで、家庭、家族に恵まれないと、人生は楽しくない。逆にさしたる成功を収められなくても、家庭が温かく愛情に満ちていれば、その人の人生は幸福である。そのことに早く気づいてほしい。

天国も地獄も心がつくり出す

人はその身に降りかかる出来事より、
それをどう考えるかによって、
傷つくこともある。

（モンテーニュ／フランスの思想家）

どんなことも心の持ち方次第ということは、「心は天国も、地獄をつくり出すこともできる」（ミルトン／イギリスの詩人）という言葉からもわかる。恋人にフラれて首をくくる人間もいれば、一週間後には新しい恋人と楽しくデートしている人間もいる。

モンテーニュのこの言葉は、しっかり頭に入れておくといい。人間はかなり条件反射に左右される動物である。たとえばリストラされれば落ち込む。周りも落ち込んで当然という態度をとる。これが条件反射なのだ。

何かが起きると、どういう反応をするというマニュアルみたいなものが、それぞれの心の内にあって、それに基づいて考え行動する。それがプラスに働けばいいが、マイナスに働くとろくなことにならない。

「この世はすべて観点にかかっている」といったのはアメリカの心理学者ウイリアム・ジェームズである。これもモンテーニュと同じ考え方だ。プラシーボ（偽薬）でも、「新薬ですよ」といって飲ませると、患者に一定の効果が出る。心が受け入れるからだ。

人間の心の状態は、こんなふうに肉体にまで影響を与える。これからは自分の身に降りかかってきたことは、できるだけよいほうに考えよう。そう解釈すれば、その方向に物事は進んでいくものなのだ。

誰にも好かれる秘策はあるか

人に好かれるには、
たった一つのことを実行すればよい。
それは相手の話をよく聞いてやることだ。

（ディズレーリ／イギリスの政治家）

人生で〈好かれる〉というのは、すごく大切なことだ。理由は二つある。一つは協力が得られやすいこと。人間、何かをなすには他人の協力が必要だ。好かれることは、他人の協力を得る基本的条件である。

もう一つは敵をつくらないこと。好かれる限り敵にはならない。少なくとも足を引っ張られない。これも物事を成就させるためには、極めて大きい条件である。好かれる、というだけで、これだけの有利なものを手に入れられるのだ。

しかし、好かれるというのは、口でいうほど簡単ではない。そこで人は相手を見て、何とか好かれようといろいろな努力をする。お世辞が好きそうならお世辞をいい、利害に聡いなら利を与えようとする。

しかし、いちいち対応を変えていたら大変だ。そこで耳を傾けてもらいたいのが、このディズレーリの言葉だ。これなら誰でもできる。誰にでも適用できる。ディズレーリ自身が、これをもって宰相の座まで上り詰めた男だ。

営業畑のナンバーワンを張るような人物は、しゃべり上手ではなく、聞き上手が多いという。語学ができないとき「私はしゃべれない」というが、ヒアリングができれば、しゃべれなくても意思の疎通は図れる。人間関係では聞くことがいちばん大切なのだ。

自分の強みを磨けば武器になる

何事かを成し遂げられるのは、
強みによってである。

（ドラッカー／アメリカの経営学者）

人には強みと弱みがある。長所と欠点と言い換えてもいい。多くの人は、自分の欠点を自覚して直そうとする。だが、それは上策とはいえない。むしろ欠点は放っておき、長所を伸ばすようにしたほうがいい。

ドラッカーのこの言葉は「自分の強みを生かしなさい」ということだ。つまり、長所を生かせということ。それには、まず自分の長所、すなわち強みは何かを知る必要がある。

ただ、なかには「自分には強みなんかない」と嘆く人がいる。

なぜ、そういう考えになるかというと、狭い範囲で考えてしまうからだ。仕事のスキルレベルでとらえる人が多い。ドラッカーが想定している強みは、そんな狭い範囲のことではない。もっと広い視野で見た真の自分の強みである。

それを見出すには、自分が過去に成し遂げたことを考えてみればいい。そうすれば、あのときは「あきらめなかった」とか、「みんなで協力した」とか、「楽しくやれた」など、仕事のスキルとは関係のない要素にも気がつくだろう。

成し遂げたことと自分とのかかわりにおいて、自分の持ち味がどう発揮されたかを検証していけば、そこから自己の強みが浮かび上がってくる。それに気がついたら、徹底してそれを伸ばす努力をすることだ。

カンやひらめきを重複せよ

成功者のすべては、小さな思いつきを馬鹿にしなかった人たちである。

（藤原銀次郎／実業家）

製紙王といわれた王子製紙の藤原銀次郎は、戦前に活躍した財界人であり政治家だが、幾多の成功体験を通じて得た結論がこれである。パナソニック（松下電器産業）のスタートも、創業者・松下幸之助氏がふと思いついて考案した二股ソケットからだった。

思いつきとはひらめきのこと。ひらめきを軽く見てはいけない。ひらめきこそ、何かをなすときの天の啓示のようなものだからである。過去の多くの発明・発見は、そんなひらめきがきっかけになっていることが多い。

ニュートンが万有引力を発見したのも、ダーウィンが「進化論」を着想したのも、ひらめきが大きくかかわっている。ひらめきは一部の天才や大事業家に固有のものではなく、誰でも経験できる、ごくふつうの脳の働きでもある。

「ひらめきには無意識との対話が必要です。自分の無意識に常に耳を傾けていなければ、ひらめきのチャンスは少なくなります。自分が何を感じているかを常に意識してモニターすることが重要になるのです」（茂木健一郎／脳科学者）

何か思いついたら、メモをするなりして記憶にとどめるようにしよう。そして、考え続けること。その繰り返しが、無意識との対話につながる。そうなれば、その思いつきは受胎したようなもので、やがて〈ひらめき〉というかたちでアイデアを産んでくれる。

四面楚歌のときはこう考える

思い悩んだら、生活の習慣を変えてみよ。

（大山康晴／将棋名人）

ツ

キのないときは、次々と悪いことが起きてくる。よくいわれる〈ドツボにはまる〉という状態だ。そこから脱出する方法を述べたのがこの言葉である。大山名人がすすめているのは、行動パターンを変えることだ。

人間というのは、想像以上に生活習慣に縛られているものである。生活習慣に縛られるとは、たんに行動パターンが同じことの繰り返しというにとどまらない。ものの考え方まで固定してくる。これがいちばんの問題なのだ。

では、どうやって習慣を変えるか。これは簡単なことだ。たとえば、通い慣れた道順を変えるとか、服装に変化をつけるのでもいい。些細なことでは、朝食↓身じたくを、身じたく↓朝食に変えるなど。生活習慣を変えるとはそういうことだ。

「一つのことが習慣になると、それが変化するのを嫌うのは、人間の普遍的な本能だ」（山本周五郎）。「大かた旧き定めを守るは、いとよきことなれども、そは事により、物にこそよるべけれ」（本居宣長／江戸時代の国学者）

この二つの名言から、その気にならなければ習慣は変えられないということがわかるだろう。

「青がないときは、赤を使えばいい」（ピカソ）

基本は無心で学べ

一時片時なりとも、物を思わぬがめでたき事にてあるなり。

(『沙石集』/鎌倉時代の仏教説話集)

この言葉は「わずかなときでも、物思いというものをしないほうがよい」ということをいっている。何かを習得するときに、役立つ言葉である。お茶でもお花でも、基礎から習おうとすると、最初はわずらわしい前作法に疑問を感じることがある。「なぜ、そんなことをするのか」と聞きたくなる。だが、どんなことでも、物事のイロハを覚えるときは、そんな疑問を持ってはいけない。

何も考えずに、ひたすらイロハを覚える。そういう態度でないと基本は学べない。基本が身についてくれば、最初に疑問に思ったことは、改めて聞かなくても「なるほど」と自然にわかるようになる。それが真の体得ということである。

「習い稽古の修行、功つもりぬれば、手足・身に所作はありて心になくなり、習いをはなれて習いに違《たが》わず、何事もする技自由なり」（柳生宗矩／江戸時代初期の武芸家）

近頃の若い人は物事を、時間をかけて学ぶのを面倒くさがり、「マニュアルはないんですか」などとインスタント志向が強い。だが、どんなこともイロハだけはきちんと学ぶ姿勢が欲しい。それには基本の型から入ることだ。

「心得ぬことを悪しざまに難じつれば、かへりて身の不覚あらはるるものなり」（『十訓抄』／鎌倉期の教訓説話集）。半可通になってはいけない。

後悔先に立たずの真意は何か

こういうふうにすることもできたであろうと、
あれこれ思い悩むことは、
人間のすることのうちで最悪のことである。

（リヒテンベルク／ドイツの物理学者）

これは人生の指針として覚えておいてよい言葉だ。私たちは何かうまくいかなかったとき、「ああしておけばよかった。こうしておけばよかった」とクヨクヨ考えがちなものである。悩み、苦しみの大きな部分を占めているのはこれではないだろうか。

そうした思い悩みを「最悪のこと」だとリヒテンベルクはいう。十八世紀を代表する物理学者の言葉だ。とかく、あれこれ悩みがちだが、これは自分たちが考える以上に「いけないこと」と心得て、思い悩むのはやめたほうがいい。

身に覚えのない罪で逮捕された厚労省の村木厚子さんが、冤罪《えんざい》を晴らした後の記者会見で「拘置所にいたとき、どんなお気持ちでしたか」と問われ、このようなことを語っていたのが印象的だった。

「いま考えてどうにかなることと、ならないことを分けて考えます。どうにもならないことは三分くらいで、もう考えないようにします。私は好きな本を読んでいました」

なかなかできることではないと思うが、クヨクヨ考えがちな人にとっては大いに参考になるのではないだろうか。

「自分を責める必要はない。必要なときに、ちゃんと他人が責めてくれるから」（アインシュタイン）

言葉の裏に隠された本音を見抜け

人間の音声に宿るニュアンスに対して
鋭敏であること、
その意味で「耳」の人でなければならない。

（亀井勝一郎／評論家）

離れて暮らす母と娘の電話での会話。
「どうしたの？」（娘）
「ちょっと体の具合が悪くって」（母、これは嘘）
「帰ろうか」（娘、嘘を見抜いている。帰る気なし）
「大丈夫だよ。忙しいんだろ」（母、本当は顔を見せに来てほしい）
「本当に大丈夫なの？」（娘、そういえばずいぶん帰ってないなと気がつく）
「お前の好きな○○がとれたから送ってあげるよ」（母、本音は目の前で食べさせたい）
「ありがとう。もう出かけるから、切るね」
「ああ、体に気をつけてね。私は大丈夫だから」
次の週末、娘は母の許へ帰郷した。
最近は無縁社会ということがいわれ、都会に暮らす若者の中にも〈孤独の恐怖〉に苛《さいな》まれる者がいるらしい。パソコンやケータイでこれだけつながっていながら、そう感じるのは、心の交流が実感できないからだろう。もっと心の交流を増やすべきではないか。
そのためには、何気ない会話の中に潜む相手の心を読むこと。そういう訓練を積んでほしい。

社会人になって親元にいるのは恥ずかしい

己《おの》れの力で、己れの運命を開拓する者は
安心するところが多い。
失敗しても失望せぬ。
また奮い起こることが出来る。

（三宅雪嶺／評論家）

これは私がかねて力説している考え方である。学校を出て社会人になったら、親元を離れて自活すべきだ。自活するとは、自分の稼ぎですべてを賄う暮らしをすることだ。いまは「給料が少ないから」などといって、親元に居座る若者が少なくない。

それでは一人前の社会人とはいえない。仕事をしっかりやっているから一人前だと自認する人もいると思うが、仕事以外の生活、つまり衣食住にかかわることの面倒を親に見てもらっている限り、それは言い訳にすぎない。

「若い人たちに伝えたいのは、早く自立しようということ」。ユニクロ創業者の柳井正氏もそのことを力説している。慣れない一人暮らしは大変である。先に仕事を覚えなければならないのだから……という見方もあるが、それが甘えなのである。

「独立とは、自分自身の能力を自覚して、それを現実化することである」（内村鑑三）

一人で生活できないなら、それが自分のいまの実力なのだから、ありのままの自分を受け入れるしかない。まだ半人前なのだ。許されるからと、いつまでも親元から離れないようでは、先が思いやられる。

「一応の健康を維持している人なら、国家にも親にも、依存しないで生きるのが人間というものだ」（曽野綾子）。まったく、そのとおりである。

歳のことを考えるのは五十歳過ぎ

歳をとることを恐れるな。
心配しなければならぬのは、
歳をとるまでのいろいろな障害を
乗り越えることだ。

（ショー／イギリスの作家）

若い人ほど年齢を気にするところがある。私くらいになると、開き直りからなのか、あまり歳のことなど考えない。すっかり歳を忘れて見当外れなことをいったりして、アッと反省することも珍しくない。

若い人の中には、二十歳を過ぎただけで、へんに年寄り感覚を抱いてしまう人もいる。よく考えれば「大人の自覚」なのだが、へんというのは、現状の延長線上で将来まで見通してしまうことである。

「年金、もらえるんですかねえ」とか「こんな給料じゃ家一軒持てません」「結婚しても女房、子供を食わせられない」などと、もっともらしいことをいう。幼い証拠である。

「その年齢の知恵を持たない者は、その年齢のすべての困苦を持つ」（ヴォルテール／フランスの思想家）という言葉があるが、まさにそうなっている。

人間、いくつのとき、どうあるべきかは、孔子の「吾《われ》、十有五にして学に志す……」が有名だが、フランクリンの考え方も参考になる。彼は「二十歳にして重きをなすのは意志」といった。「この先、どうなるんですか」の問いには意志のかけらもない。そんなことでは困る。若者たちよ、まだ歳のことなど考えるな。いますべきは、自分が確固とした意志や願望、目標を持って一路邁進《まいしん》することだ。歳のことなど五十歳過ぎてからでいい。

自分探しは若いうちにすることではない

個性だの自分だのと、若い未熟な人間がバカなことを考えるな

（養老孟司／解剖学者）

まったく養老先生のいうとおりだ。若いときの自分探しなど無意味である。いまは自分探しよりも大切なことがある。それは自分を好きになること、自分に自信を持つことだ。「異性とのつきあいも、本当の僕を知ればいやになるに違いないから、短期間で終わってしまう」。こんな悩みを持つ若者が、これではならじ、と自分探しを始めるのだろう。

人間関係がうまくいかず、したがって人生すべてがうまくいかず、二十九歳で自分探しの旅に出た青年がいた。約一年半、世界を放浪して、さまざまな人と出会い、それなりに「自分を見つけた」と称して帰国した。

彼は自分の体験談を綴《つづ》り、思いがけなく評判になり、自分探し評論家のような存在になった。それなりにファンもいるが、私にいわせれば、少しも以前と変わっていない。「一年半、お前は何をやっていたのか」といいたくなる。

そんな人間でも「自分探し」が好きな若者たちから師と仰がれている。私には若い未熟な人間をたぶらかしているとしか思えない。若いうちは自分探しなどしないほうがいい。自分探しは一生かけてするものだ。それより現実社会に飛び込んで、悪戦苦闘せよ。わずかな年月しか生きていない未熟者が、未熟な自分を見つけてどうするのか。

人間とは造物主がつくった傑作だが

すべての定義が失敗するほど、人間は幅広く、多岐多様なものである。

（シェーラー／ドイツの哲学者）

若い頃から「人間とは何か」などという問題で、結論めいたものを持ってしまうのはどうか。まず存分に生き抜いて、それから考えても遅くはない。「人間とは？」という問いには古今の賢人が多くの言葉を費やしているが、一面の真理は語っても、普遍的な人間像を描き出すことに成功したと思われる言葉は極めて少ない。

いや、一つもないといっていい。これは当たり前だ。何ものかによってつくられた道具、たとえば茶碗が、茶碗自らを語っても、それが大方を納得させられるとは思えない。語るとすれば、自分の気持ちくらいがせいぜいだ。

シェーラーの言葉は、そうした事情を考慮して、このテーマで考えるのを「留保」することをすすめているように受け取れる。青年期は理屈っぽいことに興味を抱きがちだが、下手に深入りすることなく、留保から出発していいと思う。

参考までに、人間について私が面白いと思った名言を挙げておこう。

「人間とは自分のごときものなり」（国木田独歩）

「人間とは超克されるべきあるものである」（ニーチェ）

「人間は造物主がつくった傑作である。だが、誰がそういうのか……人間である」（ガヴァルニ／フランスの画家）

真の幸福は他人の幸福を願うこと

幸福を手に入れる唯一の方法は、
幸福以外の何かほかの事を
人生の目的とすることである。

（ミル／イギリスの経済学者）

生まれてから死ぬまで、一貫して幸福な人がいたとしたら、その人の人生とはどういうものなのだろうか。「それに越したことはない」と思われるかもしれないが、私はそんな人生は少しも楽しくないと思う。なぜなら「自分が幸福である」ということを、たぶん実感できないからである。やはり、人生は山あり谷ありで、不幸になったり幸福になったりして、変化があってこそ、真の幸福を味わえるのだと思う。

食べ物だって、まずいものを知って、うまいものがわかる。うまいものを知って、まずいものがわかる。そういう相互補完の関係にある。どちらか一方だけというのは、少なくとも私の好むところではない。

正式に教育を受けていないのに、自身の経験から驚くべき冷徹な観察力を身につけたフランスの思想家ルソーは、幸福に関してこんな言葉を残している。

「この世における幸福は、一つの消極的な状態に過ぎない。幸福は、その人の受ける苦しみの最小量によって計らなければならない」。苦しみの少ない人ほど幸福ということだ。

だが、いずれにしても、苦しみなしには計れないのが幸福である。

「幸福になろうとするなら、自分を捨てて他人の幸福を願うことだ」（ラッセル／イギリスの哲学者）。この言葉と冒頭のミルの言葉は符合する。これが真に幸福になる道ではないか。

自分のストーリーをつくるのが人生

人生は決して、あらかじめ定められた、すなわちちゃんと出来あがった一冊の本ではない。各人がそこへ一字一字書いて行く、白紙の本だ。人間が生きて行くその事がすなわち人生なのだ。

（大杉栄／社会運動家）

この言葉は使える。このとおりに生きられれば人生は楽しいと思う。なぜなら、白紙に自分好みのストーリーを書いていけるからだ。大杉栄という人は、社会運動家として己の信じる生き方を貫いて、暗殺された。傍目には無残な一生に見えるかもしれないが、彼なりの筆法で「大杉栄」という白紙の本に自分のストーリーを書き綴ったのだ。

最近は「ストーリーを生きよ」と、よくいわれる。一度きりの自分の人生を悔いなく生きるには、これしかない。「自分の考えた通りに生きなければならない。そうでないと、ついには自分が生きた通りに考えるようになってしまう」（ブールジェ／フランスの作家）。思いどおりに生きるのに、ストーリーが必要なことはこの言葉からもわかる。

行き当たりばったりに生きていると、知らぬ間に他人の書いたストーリーで生き、しかも自分は脇役ということにもなりかねない。

わが行く道に茨《いばら》多し
されど生命の道は一つ
この外に道なし
この道を行く

武者小路実篤の言葉である。どんな人生もかけがえのない、その人固有のものなのだ。

健康留意はお金や時間と同じくらいに重要

健康は第一の富である。

（エマーソン／アメリカの詩人）

42 病気とストレス

日本人の生活習慣は、年々不健康に傾いているという。これだけ健康についての情報があり、医学も進歩しているのに、不健康な人が増えているのは、個人の自覚が足りないからだろう。この言葉どおり、私たちは「健康も、お金や時間に匹敵する重要な資産」という位置づけにするべきではないか。

ガン、糖尿病、脳血管障害……いま日本人の命を奪う代表的な病気は、いずれも生活習慣に起因する。しかも簡単には治せない病気である。

健康がいかに大切かは、モンテーニュの次の言葉からも議論の余地がない。「健康は唯一無二の宝である」「逸楽も叡智も学識も美徳も、健康でなければ色あせ、消え失せるであろう」。健康こそ、人生価値の最高位においてよいものだが、現代人はそれを自覚した生き方をしているとはいえないだろう。

なぜか。現代人は医療や薬を信頼しすぎるのだ。「病気になれば医者へ行けばいい」「薬を飲めばいい」と簡単に考えている。いま知るべきは、生活習慣病は現代医療が持て余している病気だということ。

「健康を保つことは、自己に対する義務であり、また社会に対する義務でもある」（フランクリン／アメリカの政治家、物理学者）。この言葉を銘記すべきだ。

好奇心こそ人間の生きる本質である

われわれは「ネオフィリック」(neophilic)、つまり新しもの好きなのである。

(ワトソン/動物行動学者)

これは非常に面白い見方だ。ワトソンによると、ライオンとトラは同じネコ科で、皮をはぐと専門家でも見分けがつかないほど似ているが、性質は天地ほどの開きがあるという。

ライオンは生まれついての怠け者で、動物園で餌さえ与えておけば、一日中うたた寝をしている。トラはたらふく食べさせても、じっとしておらず、檻の中をうろうろ歩き回る。何か面白いことはないかと、食べること以外にも興味津々なのだ。

大半の動物はライオン型だが、ヒトはトラ型で好奇心が強い。またチャレンジ精神が旺盛である。動物界で生きていくには、人間は何の取り柄もない小動物だが、ネオフィリックな性質のおかげで、今日の繁栄を築いてきた、というわけだ。いわれてみれば、たしかにそんな気がしてくる。

好奇心というのは、それほど大層なものではなく、何の利益にもならないことに夢中になったりする。また、問題のないところに、わざわざ問題を提起したりなど、必ずしもプラスになるとは限らない。好奇心は無意味なものともいえるが、それが「人間として生きる存在の本質だ」とワトソンはいう。だが、近頃はライオン志向の人間が増えているのではないだろうか？　若者は、ライオンではなくトラを目指すべきだ。

若さの特権は行動することにあり

試みのないところに、成功のあったためしがない。

（ネルソン／イギリスの提督）

行動には連鎖性がある。一つの行動が次の行動を呼び、その行動がまた次の行動を促す。行動を始めると人は活性化する。結果を問わず最善の努力をするというのが、行動派の特徴だ。行動的な人間になるためには、いつも楽しく前向きに、を心がけるのがコツ。まさに「イヤイヤするな」（マルクス・アウレリウス／古代ローマ皇帝）である。

行動にはどんな効用があるか。心理学者の河合隼雄氏は「行動から得られる楽しみは思いがけないことが多い」といっていた。これは大きな魅力ではないだろうか。

「半時間くらいでは何もできないと考えているより、世の中のいちばんつまらぬことでもする方がまさっている」「学術においても、実際は、人は何も知ることは出来ない。常に実践が必要である」。これらはいずれもゲーテの言葉だ。

どんなことも「行動」がなければ始まらない。ネルソンの言葉は、そういうことだ。行動を妨げるのは何か。考えすぎることだ。完璧な結果を望んだり、失敗を避けようとすること。したいことがあるなら、まず始めてみよ。どんなことにもリスクはあるが、正しい発想で始める限り、そのリスクは本能が回避してくれる。また、そのような自分をつくるためにも、まず行動することだ。やってみるのは学ぶのにまさっている。

「人生の大きな目的は、知識ではなく行動である」（ハックスリー／イギリスの生物学者）

よいこともも悪いこともこだわらない

過去、それが何になろう。過去は過去をして葬らしめよ

（福永武彦／作家）

㊟人と話していて、過去の話ばかりする人は、年齢に関係なく終わった人である。それ以上の上がり目はないと見ていい。女性たちよ、もし結婚するなら、そんな男を選んではいけない。過去にどんなにすごい実績があったとしてもだ。

「過去にしがみついて前進するのは、鉄球のついた鎖を引き摺って歩くようなものだ」（ヘンリー・ミラー／アメリカの小説家）。人間は記憶力がすぐれているので、どうしても過去が忘れられない。しかし、どんな栄光の過去であっても、誇らしい過去であっても、この言葉のように「それが何になろう」である。自身への影響はあったかもしれないが、そんな話を他人にすることに意味があるのだろうか。

過去に終始する人間は、将来へ向けて何かをなすという気概がないか、さもなくば弱っている証拠だ。まして、過ぎ去った過去を思い出して、クヨクヨ思い悩むのは、死んだ子の歳を数えるようなもので詮ないことである。

過去と未来を同時に扱うことはできない。過去にこだわるとは、後ろ向きで歩くようなもの。後ろには目がない。「ふりむくな　ふりむくな　うしろには夢がない」（寺山修司）。若いうちは「出ずる月を待つべし。散る花を追うことなかれ」（中根東里／江戸時代の儒学者）で臨んでほしい。

悲観主義より楽観主義がいい

私は楽観主義者である。
それ以外のものは
どれも役に立ちそうもないからだ。

（チャーチル／イギリスの政治家）

明るい人生を送りたければ、プラス思考に限る。近年はプラス思考という言葉が盛んにいわれるようになったが、いまでも陰気な人間は、訳知り顔にプラス思考の楽観性を嫌っている。物事は考えたとおりになりやすい、ということを知らないのだろう。

チャーチルは若い頃から腕白で、信じられない無茶をしばしばやっている。生命の危険にさらされたことも一度や二度ではない。だが、そのたびに切り抜けて、結果的に社会的にも個人的にも恵まれた生涯を送った。どう考えても楽観主義のほうが、分がいい。

物事というのは、考えたとおりに展開することが多い。理由はわからないが、そういうものだ。たぶん、自己暗示が人をその方向へと導くのだろう。よく考えていると、よい結果を生みやすく、悪く考えると、悪い結果に遭遇しやすい。

よく考えても悪い結果が出たとする。悲観論者は陰気な笑みを浮かべるだろう。「よくならないじゃないか」。それでも、悪く考えて悪い結果に出会うより、よいほうに考えて悪い結果に出会うほうが、よく考えていた分だけ気持ちで得をする。

楽観論者のほうが絶対に得なのだ。陰気な結果に出会って「ほら、私のいったとおりじゃないか」というのが楽しいのか。チャーチルが「楽観主義以外のものは、どれも役に立ちそうもない」というのは、そういう意味である。

失敗は幸運の女神がテストしている

どんな過ちも犯さない人間は、通常何事もなさない人である。

（フェルプス／アメリカの外交官）

「失敗は落胆の原因ではなく、新鮮な刺激である」

イギリスの劇作家サウザーンはこういっている。若者に向けた名言である。若者はいつも刺激を求めている。どんどん失敗して、どんどん刺激を受けることだ。世界のホンダを一代で築いた本田宗一郎氏の有名な言葉はこういうものだ。

「私の現在が成功というのなら、私の過去はみんな失敗が土台づくりをしていることにある。仕事は全部、失敗の連続である」

にわかには、うなずけないかもしれない。だが、成功する人というのは、次々と失敗を重ね、そこから刺激を受けて成功にたどり着くのだ。「失敗が怖い」とか「失敗したくない」などという気持ちを目先にぶら下げているような人は、何もしないほうがいい。そうすれば失敗しないですむ。その代わり、フェルプスのいうように、何もしないで一生を終えることだろう。

だから私は、若い人に「失敗すること」をおすすめしたい。不思議なもので、失敗に失敗を重ね、「もうあかん」というようなとき、なぜか幸運の女神が微笑むのだ。失敗とは、幸運の女神に試されていることなのかもしれない。

感情のコントロール法を身につけよ

陽気でいることが、
肉体と精神の最高の健康法です。

（サンド／フランスの女性作家）

私はいつも上機嫌を心がけている。理由は、人間の持ついろいろな属性の中で、いちばん扱いにくい感情をコントロールするためである。人間はいつだって上機嫌でいたいはずだ。しかし、日々のさまざまな出来事が、それを許してくれない。そこで、意識して自分を機嫌よくしておくことにしている。

いつもうまくいくわけではないが、意識していないのとではずいぶん違う。以前はすぐに怒り出すくせがあったが、だいぶ穏やかになった。歳のせいという人もいるが、人間は歳をとるくらいで、気質や性格が変わるものではない。

感情がどれだけ人を支配しているか、想像以上のものがある。たとえば、雨降りの嫌いな人は、雨が降ったというだけで、会社に行くのがいやになる。では、天気の日は機嫌よく行くかといえば、天気のいい日は、天気のことなどまるで考えない。別の不快になる材料を探していたりする。ともかく、感情というのは、ご主人様の気持ちなどあまり考えないのだ。これには理由がある。

「人間の感情の四分の三は子供っぽいものだ。しかもその残りの四分の一だって子供っぽいものだ」(ロマン・ロラン/フランスの作家)といわれるようなものだからだ。身の内の手に負えない子供をなだめておくには、上機嫌という飴玉をしゃぶらせるしかない。

批判や忠告は前向きの角度からせよ

あまり利口でない人たちは、一般に自分の及び得ない事柄については、何でもけなす。

（ラ・ロシュフコー／フランスの警句家）

批判と忠告は親戚みたいなものである。人は忠告めかして批判する。また、批判がそのまま忠告になることもある。批判も忠告も、受け入れる素直さが必要だが、する側は批判や忠告の苦さを知っておく必要がある。

福沢諭吉は、生涯に多くの批判、忠告を世に問うた人だが、自分を省みて次のような言葉を残している。「今吾《こんご》と古吾《こご》とを比較して昔日の失策を回想しなば、渾身汗を流すもただならざること多し。しからばすなわち、みだりに今の同時の他人を評すべからず」。いまの自分と引き比べ、昔の自分を思えば冷や汗もの。みだりに他人の批判はできない、ということだ。

表現は違うが、同じ趣旨のことを古代ギリシャの哲学者タレスもいっている。「人生でいちばんやさしいのは、他人に忠告することである」。忠告は、しばしば批判の身代わりでもあるから、両者のいわんとするところは「みだりに批判や忠告はするな」でほぼ重なる。

情報化社会の現在は、マスコミだけでなく、個人も批判や忠告をしている。社会全体が評論家のようなものだ。ときには有益でもあるから、やめろとはいわないが、せめて諭吉程度の苦さは意識すべきだろう。自戒を込めて、そう思う。若いときは、何事もできる限りけなさずに、前向きにとらえるくせをつけてほしい。

何でも捨ててしまえばいいのか

人はどんなものでも決して捨つべきものではない。いかに役に立たぬといっても、必ず何か一得はあるものだ。

（勝海舟／旧幕臣）

何でも簡単に捨ててしまえばいいというものではない。いまは不要と思っても、いつ何時、役に立つかわからない。そうなってから後悔しても遅い、ということだ。似たことを徳川八代将軍吉宗もいっている。

「人は用い方にて物の用に立つものなり」

実際、吉宗は大岡忠相《ただすけ》をはじめ側近に優秀な人材を配置して、歴代将軍の中では目立った実績を上げた。吉宗や海舟が、いまの日本企業のリストラの風潮をどう評価するか、一度聞いてみたい気がする。

無用の用は人に限らない。モノでも同じだろう。モノで無用の用を証明してみせたのはライト兄弟だ。兄のウィルバーは、道端に落ちている瓶の栓とか壊れたおもちゃなどガラクタを集めるのが趣味だった。そして弟のオービルと一緒にガラクタの活用法を考えた。この収集癖が、やがて自前の飛行機をつくる発想につながっていった。

現代日本の風潮は逆である。会社では盛んにリストラし、事業仕分けなるムダ省きもあり、モノでは断捨離ブーム。理由があってのこととはいえ、後悔することにならなければいいがと思う。「悪しきとて、ただ一筋に捨てるなよ。渋柿やがて甘柿となる」（手島堵庵《てじまとあん》／江戸中期の心学者）

いくつになっても学ぶ姿勢を失うな

学ぶに暇あらずという者は、暇ありといえども、また学ぶこと能わず。

（『淮南子』／老荘思想書）

社会に出ると、何かと忙しく「勉強する暇なんかない」と思いがちだ。仕事に関することは学ばなければならないが、ほかに何かを学ぼうとする意欲はなくなることが多い。

だが、それではいけない。人間というものは、学ぶことで成長する。だから、いくつになっても学ぶ意欲だけはなくしてはいけない。学ばなくなったら、もう成長することはないからだ。

「少《わか》くして学べば壮にして為すことあり。壮にして学べば老いて衰えず。老いて学べば死して朽ちず」（佐藤一斎／江戸時代の儒学者）。いくつになっても好奇心を失わず、学ぶ姿勢を保っていれば、生涯にわたって成長できるということだ。

熾烈《しれつ》な受験戦争をくぐり抜けてきた者ほど、「勉強なんかコリゴリ」という気持ちが強いだろう。だが、受験勉強というのは特殊な学び方だ。大人になってからの勉強は、覚えるだけでなく、学ぶ楽しみがある。

学ぶというのは、本来は楽しいこと。「学ぶ姿勢」を失わないでいれば、そのことが必ずわかるときがくる。また、学ぶ気持ちさえ持っていれば、暇などいくらでも見つかるものだ。「有能な人は、つねに学ぶ人である」（ゲーテ）

「やらなきゃ」と思いつつ怠けてしまわないために

何よりも肝心なのは、
思い切ってやり始めることである。

（ヒルティ／スイスの哲学者）

人間は「怠ける名人」である。好きなことはやるが、「しなければ……」ということは、とかく先送りしがちなものだ。このことは、それほど悪いことではない。好きなことをやっていると楽しいし、能力も最高に発揮できるからだ。

ただ、社会で生きていくためには、好きなことばかりやっているわけにはいかない。いやなこと、気の進まないこともしなければならない。むしろ、そちらのほうが多いかもしれない。そういうときにどうしたらいいかを、この言葉は教えてくれている。

「しなければならないこと」があるときは、四の五のいっていないで、とにかく「始めてしまうに限る」ということだ。不思議なもので、取り組んでみると、何事も次第にやる気になってくる。こういう経験は誰にもあるだろう。

物事にすぐ取り掛かれない最大の障害は、そのことに対する「負のイメージ」ではないだろうか。ならば、これを払拭すればいい。無類の勤勉家だったフランクリンは「ものぐさはサビと同じ。使っている鍵はいつも光っている」といっている。

これも、なかなかの名言だ。人間は怠けてばかりいると、心がサビついて何をやるのも億劫《おっくう》になる。そんな人間にならないためには、とにかく思い切って何でもまず始めてみることだ。やめたければ、それからやめればいい。

どんなに小さなことでも「自分でやる」

人生を幸福にするためには、
日常の瑣事《さじ》を愛さなければならぬ。

（芥川龍之介／作家）

芥川のこの言葉は至言である。同じことを、あの二宮金次郎（尊徳）もいっている。「大事を為さんと欲すれば、小なることを怠らず勤むべし、小積もりて大となればなり」……世の人は、とかく小事を厭い、大事を欲するけれども、大は小の積もったものである。広い田んぼの稲も、実際には一鍬《くわ》ずつ耕して、一株ずつ植えて、一株ずつ刈り取っていく……金次郎のいわんとするのはそういうことだ。

コピーの一枚、お茶の一杯、伝票の一枚もおろそかにはできない。仕事とはそういう些細な作業の積み重ねによって成り立っている。一人ひとりがそういう日常の些事をきっちりこなして、はじめて大きな仕事にたどり着く。

仕事に限らない。生活だってそうだ。朝起きてから夜眠るまで、些細なことを数多く積み重ねて生活は成り立つ。だが、そのことを私たちは忘れがちだ。いま一度、生活でも、仕事でも「些事」に類することを、きちんとこなすくせをつけようではないか。

とくに若い君たちの世代は、これから単身世帯が増える。独身のまま、離婚、配偶者に先立たれるなど、ケースはまちまちでも一人暮らしを余儀なくされる。そのとき小さなことができないと生きづらくなる。よりよく生きるためには、些事を愛し、テキパキこなせる修練を積んでおく必要がある。

物見遊山でない一人旅をしてみよ

万事思ひ知るものは、旅にまさることなし。

（浅井了意／江戸時代の仮名草子作者）

旅には二種類ある。旅人のする旅と、旅行者の旅。現代人の旅の多くは旅行者の旅である。観光したり温泉に入ったり、たいてい道連れがいる。こういう旅も悪くはないが、できたら年に一回は「一人旅」をしてもらいたい。ふだん味わえない人生に出会えるからだ。

こんな経験はないだろうか。出張を命じられて、一人、新幹線に乗る。目的地に着くまでの時間、入念な準備に費やす勤勉実直な人もいるだろうが、車窓の景色を眺めてぼんやりするときもあるだろう。

そんなとき、頭に去来するのは「自分は、いまのままでいいのかな」といった非日常的な考えではないか。だが、それはつかの間のこと。ケータイで連絡が入ったりなど、すぐ日常に連れ戻される。このつかの間しか訪れない「非日常感覚」を、じっくり一人旅をすることで、存分に味わってほしいのだ。

それでなくても現代人の日常というのは、公私共にあわただしいものになってしまっている。昔は見聞を広めるためにも旅をしたものだが、いまはむしろ、自分を取り戻すためにも一人旅は必要ではないだろうか。旅の刺激が自分を見直すきっかけになる。

「旅に出さえすると、私はいつも本当の私となった」（田山花袋）

命あるものの世界で最高の価値

人間は気高くあれ、
情け深くやさしくあれ！
そのことだけが、われらの知っている
一切のものと、人間とを区別する。

（ゲーテ／ドイツの文豪）

若い女性が結婚相手に求める属性で、必ず上位を占めるのが「やさしい男」である。男性だって気持ちは同じだろう。やさしさは愛の表現手段でもある。ゲーテが人間の持つ最高の価値として「情け深く、やさしく」を持ってきたのは、うなずけるところだ。

ただ日本語の「やさしい」には「穏やか」「素直」なども含まれるため、一口に「やさしさ」といっても、いまいち明確にとらえられていない。各々が自分流に「私はやさしい」と思っているだけかもしれない。

ゲーテの言葉を日本流に直せば「人情を持て」ということだろう。人情には「哀れみ」の気持ちも含まれる。人を哀れむなどというと、相手に「そんな見下されることはけっこう」と断られそうだが、人の感情がもっともよいかたちで表現されたとき、それは哀れみを含む人情、つまり〈惻隠《そくいん》の情〉となるのだ。

ところが、この人情という言葉、近頃はあまり使われない。これは理由のあることで、そのことを歌舞伎作者の河竹黙阿弥がこんなふうに表現している。「開化が進むほど人は薄情になる」。そのとおりになっている。

一方で、人情は「人の心の食物だ」といった人がいる。明治期に活躍した作家の国木田独歩である。心の栄養失調にならないように気をつけたいものだ。

これだけはどんなときも失うな

希望は、人を成功に導きます。
どんなときでも、そこに希望がなければ、
何事も成就するものではありません。

（ヘレン・ケラー／アメリカの教育家）

目が見えず、耳も聴こえず、しゃべれない……そんな三重苦を克服して、世界的な教育家になったヘレン・ケラー女史の心の拠り所は「希望」だった。希望だけだった。

女子サッカーW杯の戦前、まるで注目されず、バイトをしながら練習に打ち込んだ日本代表チーム「なでしこジャパン」の面々が心の拠り所にしたのは「優勝したい」という夢だった。覚めて見る夢とは希望のことである。「夢は見るものではなく、叶えるもの」。澤《さわ》穂希《ほまれ》選手のこの言葉で、改めて勇気をもらった人もいたことだろう。

だが、いまの若い人たちは夢や希望をなかなか持てない環境下にある。世の中はずっと不景気のままで、いま二十代の若者は、生まれてこの方、一度もよい目に巡りあえていないのではないか。おまけに今度の大震災だ。

こんな中で「どうやって希望を持ったらいいのか」と嘆いている人もいるだろう。だが、誤解しないでいただきたい。希望は「持てそうだから持つ」というものではない。ヘレン・ケラーを見よ、なでしこジャパンを見よ。

むしろ絶望してもおかしくない状態で、彼女たちは希望を持ち続けたではないか。そう考えれば、どんな状態でも希望を持てないはずがない。「たとえ明日世界が滅びようとも、私は今日、林檎の樹を植える」（ルター／ローマの哲学者）。この精神で臨んでほしい。

困難な状況にあっても笑いなさい

毎日の中でいちばん無駄に過ごされた日は、
笑わなかった日である。

（シャンフォール／フランスの詩人、劇作家）

いまどきの若い人たちは、年配者が笑いをとろうとすると「おやじギャグ」の一言で片づけようとする。悪いくせだ。年齢から判断するだけで、笑いの中身で判断していない。たしかに、しょうもないおやじギャグをいう年配者もいるが、「ダジャレ」の類はみんなその程度のもの。年齢とは関係ない。

そんな駄じゃれでも、人を笑わせれば、それなりにその場の雰囲気を和らげる効果はある。シャンフォールのこの言葉は、人生における笑いの大切さをよく伝えている。日本人は落語という話芸を持つくらいだから、笑いのセンスに乏しいわけではないが、外国人に比べると、笑いに関しても控えめなところがある。

正直いって、この言葉を「ちょっと言い過ぎではないか」と感じる人もいると思う。「こっちはつらい毎日を送っているんだ。笑ってなんかいられるか！」と。しかし、それでも笑ったほうがいい。無理して笑っても、おかしくて笑ったのと同様に、体の免疫力を高めてくれることが医学的にわかっているからだ。笑い講という風習がある。人々が集まって、おかしくなくても「ワッハッハッ」とみんなで笑いあう風習だ。それだけ日本でも古くから笑いの大切さが認められていたということだろう。

「人間は笑う力を授けられた唯一の動物である」（グレヴィル／イギリスの詩人）

何がなくても人生の目的だけは持っておけ

目的がないよりは、
邪悪な目的でもあるほうがましである。

（カーライル／イギリスの歴史家）

ジョニー・デップ主演の海賊シリーズ映画「パイレーツ・オブ・カリビアン」に、幽霊船の船長が出てくる。呪いをかけられて、死んで成仏することもできず、ゾンビになって永遠に海をさまよう宿命に苦しんでいる男だ。

どんな船も出港するときには、必ず到着すべき目的地を持つ。それなしに出航することはない。人生の目標や目的を持たないということは、幽霊船の船長のような生き方をすることだ。「そんな生き方をしてはいけない」とカーライルはいっている。

しかし、なかにはピンとこない人がいるかもしれない。「毎日、適当にやっていればいいだろう」。たしかに、そういう生き方でも、楽しくやれた時代があった。高度成長時代がそうだ。だがこれからは、そんな甘ったれた生き方では、少なくとも仕事の世界では決していい目は見られない。

自主独立の精神を持ち、自ら目標を持って生きなければならない。そうでないと社会から脱落する。カーライルが「邪悪な」といったのは、目的の重要性を強調したかったからだが、ここは「小さな目標」でも何でもいい。

とにかく目標や目的を持って生きることだ。そうでなくては人生は決して楽しめないことを肝に銘じよう。

君たちはかつてない恵まれた環境にいる

私が人生を知ったのは、
人に接したからではなく、
本と接したからである。

（アナトール・フランス／フランスの作家）

Ⓐ・フランスが、こういうにはわけがある。彼は本屋の息子だったのだ。いくらでも本を読める環境にあった。また、若い頃から文学者志望で人一倍本を読んだ。そんな彼だからこそいえたセリフである。

しかし、「なあんだ」と思わないでほしい。十九世紀の本屋の息子よりも、現代のわれわれのほうが、はるかに豊富な本に囲まれている。電子書籍も含めれば、驚異的な数の本に接することが可能だ。

A・フランスは「本からでも人生は学べるよ」といっているわけだが、現代人はさらに学ぶに有利な環境にある。それは映像媒体の存在だ。映画、ドラマ、ドキュメンタリーなどを、テレビやDVDを通じて、いくらでも観ることができる。

これらの鑑賞も、広義の「読書体験」に含めてよいと思う。つまり現代の読書とは、媒体による知識や教養を吸収する機会のすべてと思えばいい。この観点に立てば、「最近の若者は本を読まなくなった」などと狭い了見で嘆く必要もなくなる。

若者よ、好奇心と学ぶ意識を持って、この「広義の読書体験」をたくさん積んでいただきたい。「よき書物を読むことは、過去のもっともすぐれた人々と会話をかわすようなものである」(デカルト)。本に接することは著者(人)と接することにほかならない。

多くの仕事をする人ほど時間を多く持てる

時間の値を知らない者は、生まれながらに栄光に向いていない。

（ヴォーヴナルグ／フランスの警句家）

耳が痛い言葉ではないか。人生八十年時代、長生きできるようになって、若い人たちは「まだ時間はたっぷりある」と思っているかもしれない。だが、それは錯覚である。時間というものは伸び縮みする。

待つ時間は長く感じ、待たせる時間は短い。この一事をもってしても、時間は誰にでも公平な時を刻んでいないことがわかる。また「仕事はそれに使える時間があるほど膨張する」（パーキンソン／イギリスの歴史学者）ともいう。つまり、仕事のできる人ほど、多くの時間を所有できるというわけだ。

そのためには、何が大切か。時間の重層的活用ということを考えるといい。たとえば通勤電車の中で、読書なり語学の勉強をするといったことだ。また、他人の時間を借りること。借りるのは、お金ばかりでは能がない。

デキる人というのは、そういうかたちで一日を三十時間にも四十時間にも使っている。逆に「忙しい、忙しい」といっているだけの人は、重層的どころか一重にも有効に時間を使っていない。反省すべきことだ。

「普通人は時をつぶすことに心を用い、才能ある人間が心を用いるのは、時を利用することである」（ショーペンハウエル）

下手に勝つくらいなら上手に負けなさい

勝つことばかり知りて、負くることを知らざれば、害その身にいたる。

（徳川家康／江戸幕府初代将軍）

「勝てば官軍」は昔からだが、最近は少々度が過ぎていないか。勝ち負けについて「おのずと順序がある」と喝破したのは、電力王として名高い松永安左エ門翁である。本当はこちらを「名言」に取り上げたかったが、長文なので同じ意味を簡潔に述べた家康公の言葉にした。安左エ門翁の勝ち負け論は以下のようなものである。

「カチマケというものは、上手に勝てればそれに越したことはないが、上手に勝てなければ、むしろ上手に負けたほうがよい。カチマケの順序をつけてみるならば、第一が上手に勝つ、次が上手に負ける、下手に負けるのも仕方がない。一番つまらぬのが下手に勝つことだと思う」

下手に勝つとは、勝っても人が祝福してくれなかったり、逆に恨みを買うような勝ち方だ。そういう勝ち方をすると、そのときはいいが、やがて手痛いかたちで、しっぺ返しをされる。家康公がいいたかったのは、そういうことだろう。

人間、負け続けると落ち込む。自信がなくなる。これはよくない。だが、勝ち続けても、おごりが出る。油断もする。これもよくない。勝負である限りは勝ちを目指すべきだが、人生の勝負は競技やゲームとは違う。勝って損し、負けて得することも珍しくない。とくに若いうちは勝ったり負けたりでいい。そのほうが確実に強くなれる。

知られなければ存在しないのと同じ

水に油が浮くように、
いつも浮いていなくてはならない。

（オナシス／ギリシャの海運王）

オナシスという男は、記者の質問にまともに答えたことはめったにない。だが、この言葉は本音と思われる。「成功する秘訣は何ですか?」と新聞記者から聞かれ、思わず正直に答えてしまったのだろう。

オナシスは一介のタバコ売りから身を起こした立志伝中の人物だが、事業も私生活も不透明な部分が多く、「謎の大富豪」と呼ばれた。だが、その行動パターンは、世界的な名士、金持ち、有名女優、オペラ歌手など、つねに脚光を浴びている人物と積極的につきあうというものだった。

政商、豪商といわれるような人物は、だいたい権力に接近することで巨大な利益を上げるのが常套《じょうとう》手段だが、オナシスもこのやり方を踏襲したわけだ。無名の人間が徒手空拳でのし上がるには、オナシスがいうように、まず「水に浮く油」になって、存在を知られるようにするといい。

昔と比べて、自己アピールがしやすい時代になっている。無名の人間でも、ツイッターやブログで注目されれば、一躍有名人だ。そんな時代だからこそ、「我ここにあり」というアピールは欠かせない。

見えているものだけで判断していないか

人の目は百里の遠くを見れども、
その背を見ず。
明鏡といえども、その裏を照らさず。

（貝原益軒／江戸時代の儒学者）

どんなに遠くを見通せても、自分の背後は見えない。曇りのない鏡も裏側まで照らしてはくれない。だから、見えるものだけで判断すると誤る、ということ。たとえば、誰もが「危ないからやめたほうがいい」と思うようなことに敢然と飛び込んでいく人がいる。そういう人は、みんなとは違った風景が見えているのだ。

人によって物事の見え方は違っている。そんなすぐれた目を持つには、どうすればいいのか。単眼ではなく、複眼でみることだ。トンボの眼である。つまり、どんなことも、二つ以上の視点からとらえてみる。具体的にはこういうことだ。

「ちょっと脇を見るとか、視点を変えるとか、一見無関係と思える分野の話に耳を傾けてみるとか、最初の着想と正反対の立場に立って考え直してみるとかいった態度も、真理の発見のためには必要だ」(広中平祐/数学者)

東日本大震災の義援金配布が滞っていたのは、「正しく配らなければ……」という、ミスを嫌う役人発想で臨んでいるからだ。「多少の間違いが生じても、早く配るほうが被災者のためになる」という視点に立てば、すぐにも解決できるはずだ。何かで行き詰まったら、いろいろな角度から考えをめぐらせてみよう。

成らぬは人の為さぬなりけり

問題は能力の限界ではなく、執念の欠如である。

（土光敏夫／経営者）

日本人に、意外に欠けているのが執念ではないか。

すぐ「水に流して」しまう。「執念深いね」といわれて喜ぶ人はあまりいない。だが、執念は情熱の証でもある。情熱を持って何かに取り組みたいと思うなら、執念を持ち続けることが大切だ。

何かに必死に取り組んできて、「もう、これ以上は無理だな」と限界を感じるときがあると思う。だが、そういうとき、本当に限界に達していることは稀だ、と土光さんはいっているのである。

なぜなら、人間の持つ能力というのは、その人自身が感じているより、はるかに大きいからだ。「もう、これ以上はダメ」というのは、自分がそう感じているだけ、あるいは「もうやりたくない」ということ。

そうでなければ、火事場のバカ力など発揮できるはずがない。これからは「もうダメだ。ここが限界だ」と思ったら、「そう思うくらいだから、まだまだできるんだ」と思い直して続けてみよう。

そこからが本当の努力であり、失敗か、成功かの分かれ目でもある。

「訓練に制限はありますまい」（東郷平八郎）

「つかず離れず」が理想である

夫婦はなお鋏《はさみ》の如し。

（シェリング／ドイツの哲学者）

夫婦に関してどんな名言があるかを探したが、なかなかよいのが見当たらなかった。皮肉っぽいものや、もって回った言い回しが多いのだ。私としては、この言葉がシンプルでいちばんいいように思えた。

鋏は二つの刃がぴったり寄り添って動くことで、「切る」という役目を果たせる。刃が二つそろっていても、ネジが緩んでいたら、見た目は使えそうでも、紙一枚切ることができない。

「夫婦とは二つの半分になるのではなく、一つの全体になることだ」というゴッホの言葉はよいところをついている。二人が妻と夫という別の役割をするのではなく、二人で「夫婦」という全体を演じるということだ。

だが、くっつきすぎてもいけない。鋏の刃はべとついただけで、使い物にならなくなる。夫婦も新婚時代はアツアツべたべたかもしれないが、その時期を過ぎれば、「つかず離れず」でいくのがベストである。

その状態を維持するのに欠かせないことが一つある。それは相手に尊敬の念を持つことだ。「真の永続的恋愛は、尊敬というものがなければ成立しない」（フィヒテ／ドイツの哲学者）。永続的恋愛とは結婚にほかならない。

真の知力をどうやって身につけるか

現代社会のもっとも有効な力は、知力である。

（三島由紀夫／作家）

現代人は、情報をいくらでも集められるようになったことで、知的レベルも上がったような錯覚に陥っている。それはあたかも、自分の家の隣に図書館ができたのと似ている。情報や知識がどれだけ身近にあっても、それだけでは話のタネになるだけである。真の知力とは、いまはやりの言葉でいえば、さしずめ「インテリジェンス」ということになるだろう。情報や知識を取り込んだら、自分の中で咀嚼《そしゃく》して、体系的に有効に活用できるものにする。それができてはじめて知力になる。

江戸の兵学者・山鹿素行が現代に通じる名言を残している。「知は固有する所にして、致さざればすなわちその知、明らかならず正しからず」。知というものは、各人が固有するものなので、それを使い用いなければ、いくら持っていたって役になんか立たない。むしろ間違いのもとだ、ということだ。

最近の会社では、パソコンを持ち込んで会議をやっているが、話が逆のような気がする。これだけ情報豊富な時代の会議は、むしろ何も持たずに頭の中だけでやれるはず。必要な情報や知識は、あとで調べる。そのほうが実り多いのではないだろうか。

「人類の精神的進歩には、二つの要件がある。一は知識の蓄積と拡張である。もう一つは、知識の綜合と簡約である」（上田敏／詩人）

忘れる効用もときには必要である

忘却なくして幸福はありえない。

（モロア／フランスの作家）

毎年、八月の終戦記念日が近くなると、マスコミが戦争番組を放映する。「年に一回、お義理のように取り上げるだけでケシカラン」。平和主義者はそういって怒る。だが、このくらいがちょうどいいのではないか。人間には忘れるということがあって、それが一つの救いにもなっているからだ。

三・一一の東日本大震災の後、千年以上も前に起きた貞観大地震の記憶をないがしろにしてきたことが問題にされたが、これなど後講釈の典型だ。千年間もびくびくしながら暮らしていたら、そのほうがよほどストレスになる。

ただ、地震学者はきちんととらえておく必要があった。そして適切な警告をすべきだった。その意味では専門家の怠慢は責められていい。だが、それでなくても、ストレスの多い世の中だ。一般人はそこまで神経質になることはないだろう。

「幸福人とは、過去の自分の人生から満足だけを記憶している人々である。不幸人とはそれの反対を記憶している人々である」(萩原朔太郎/詩人)

人生を幸福に生きたいなら、この言葉に従ったほうがいい。どうもいまの日本人は、自ら不幸になるように、つらい思いをするように、自分たちで仕向けているようなところがある。少なくとも私はこういう風潮に同調したくない。

比べて楽しむには慧眼が必要だ

人間はな、上を見てはいけない……
下を見てもいけない……
ただ己の手先と足下を見ていれば
何の事もない、しごく平穏無事だ。

（真船豊／劇作家）

あまり比べるな、という忠告である。日本で暮らすようになったイギリス人女性が、何でも比べたがる日本人を見て「どうして？」と大いなる疑問を感じたという記事を読んだことがある。

イギリス人は個人主義が根づいているから、「人は人、自分は自分」で生きている。日本人はこれがなかなかできない。何かというと、周囲を見回して「他人はどうか」をうかがう。そして他人と一緒だと安心する。

生きやすさからいえば、世間など気にしないほうが、はるかに生きやすい。「自分は自分」でいいではないか。どんな世界でも、上には上があり、下には下がある。下を見て「勝った」と思えば優越感を感じられるが、上を見れば敗北感や劣等感を味わわされる。

だから、比べないほうがいい。比べるのが好きな人は、わざわざ自分が敗北感を持つタネを見つけているようなもの。といって、下ばかり見ていれば気分がいいかもしれないが、それでは人間として成長しない。

どうしても比べたいなら「慧眼《けいがん》」を身につけよう。慧眼とは、たとえば次のような見方のできる目である。「よくみると、およそ哲学というものは、常識をわかりにくい言葉で表したものにすぎない」（ゲーテ）。このような目を持っていれば楽しく比べられる。

創造力より想像力を磨きなさい

想像力は知識よりももっと大切である。

（アインシュタイン／アメリカの物理学者）

創造力と想像力。どちらが大切かと聞かれたら、「創造力」と答える人が多いのではないか。これは間違いではないが、創造力を磨くには、想像力が必要なのである。ダ・ヴィンチが残した三万枚に及ぶ膨大なメモの中に、空飛ぶ機械の設計図があったという。当時、飛行機はまだ存在していなかったが、ダ・ヴィンチの脳裏にはすでにそれがあったわけだ。これが想像力である。

想像力とは頭の中に絵を描くこと。つまり、創造の原点にあるのが想像力。うまく想像できれば、そこから創造ということが起きてくる。たとえばこんなふうに。

「じっと一人で考えていると、頭の中に、あるイメージが浮かんできます。さらに考え続けると、それが形になって色までついてくる。一カ月もすれば完全に製品の形になる。そこではじめて技術陣を呼んで、こういうものを作れ、と説明します」（稲盛和夫／経営者）

創造的人間の頭の中では、こうしたことがつねに行われているのだ。創造力を養うためには、まず上手に想像するコツを体得する必要がある。それにはできるだけ細密に想像すること。頭の中で完璧な想像ができたとき、それは現実のものになる。

「人間に想像力がある限り、この遊園地は完成しない」（ウォルト・ディズニー）

「どんな鳥だって想像力より高く飛ぶことはできない」（寺山修司）

超進化するケータイなどに着地点はあるのか

僕は人生をおもちゃに
牛耳られたくないんだ。

（クリント・イーストウッド／俳優）

「メールのない生活なんて考えられません」「どこへ行っても何をしていても、自分のサイトに書き込みがないか気になり、夜中でも目が覚めるとサイトをチェック。暇さえあればブログを更新している」。これをソーシャル・ネットワーキング依存症というらしい。以前、任天堂のゲーム機がはやった頃、宿題もしないでゲーム遊びに没頭する子供たちが問題になったが、いまはケータイやスマートフォンなどで同じことが起きている。ゲーム機の時代はおもちゃだったから、取り上げればすんだ。だが、いまのケータイなどはおもちゃとはいえないから、取り上げることができない。

超進化するケータイやパソコン、そしてスマートフォン。これらの道具が今後、どんな社会を創り出すのか、生活をどう変えるのか、私にはさっぱりわからない。「いまやわれわれ人間は、自分がつくった道具の道具になってしまった」（ソロー／アメリカの作家）。道具に使われてしまうのか。

パソコンもスマートフォンも、仕事に必要な範囲では扱えるが、それ以上のことに使う気がない私には、その進化にも興味がない。だから、私もクリント・イーストウッドの考え方に同調したい。同時に次の意見にも賛意を表したい。「インターネットや携帯電話などで情報がいくらでも手に入る環境は、人間の頭をバカにする」（桜井章一／雀士）

自然を征服するという考え方は改めよう

なぜ私が好んで自然に交わるかといえば、自然はつねに正しく、誤りはもっぱら私のほうにあるからである。自然に順応することができれば、事はすべておのずから成る。

（ゲーテ／ドイツの文豪）

人間がいくらがんばっても、自然にはかなわない。そのことは今度の大震災でいやというほど味わわされた。しかし、このことは自然が怖いということではない。そもそも私たち自身が自然の一部なのだから、ゲーテがいうとおり、私たちはもっと自然と折り合って生きるべきなのだ。

人間が「自然を征服する」などという不遜な考えをするようになったのが間違いだ。このことは、医学の分野でいっそう鮮明になっている。先進諸国ではガンや高血圧、糖尿病など生活習慣病が治せなくて困っている。

これは当たり前のことで、これらの病気は人間が自然に逆らうライフスタイルを始めたことに問題があるからだ。『解体新書』の翻訳で知られる江戸時代の医師・杉田玄白すら、「医事は自然に如かず」といっている。

最近、重油をつくり出す藻（微生物）とか、重金属をため込む植物などの存在が発見されて、実用化の研究が進められているという。おそらく自然のなかには、人類の抱えるあらゆる問題を解決する素材が眠っているに違いない。放射能の害にしても、自然と徹底的に折り合って、謙虚に学ぶ姿勢を持てば、解決策が見つけられるのではないだろうか。

「自然を無理強いしてはいけない。自然を歪曲することは恐ろしい」（ロダン）

つきあう人を選びなさい

賢い者たちと共に歩んでいるものは
賢くなり、愚鈍な者たちと
交渉を持つ者は苦しい目にあう。

（『旧約聖書』／「箴言《しんげん》」13章20節）

メールの友だちがたくさんいる、と自慢する人がいるらしい。子供の世界で、そうした傾向が著しいというが、ブログやツイッターをやっている大人だって、同じようなものだろう。

私はそういうものと縁の薄い生活をしているので、細かいことは知らないが、メル友などという存在と親しくつきあう人の気がしれない。フェイスブックという身元をはっきりさせないと交信できないサイトもある。

だが、この聖書の言葉にあるとおり、賢い人間とつきあうには、実際に会ってみるしかないと思う。会うとなれば、人数はおのずと限定される。また、つきあう人の数で、ああだこうだという問題ではないだろう。

数を競えば、愚鈍な者ともつきあうことになり、その結果、自分もどんどん愚鈍になっていく。ケータイの普及以来、世の中に起きているのは、そういうことではないだろうか。

昔、評論家の大宅壮一氏はテレビの出現を目の当たりにして「一億総白痴化」という名言を残した。ケータイの普及は第二の「一億総白痴化」を進行させている。人はつきあう人間によってよくも悪くも感化される。この事実を甘く見てはいけない。

礼儀はできるだけ早くマスターせよ

人生は、いつも礼儀を守る余裕がないほど、短くはない。

（エマーソン／アメリカの詩人）

若い人たちにとって礼儀作法にやかましい大人は、うっとうしい存在だろうが、人生をうまく生きていこうと思ったら、そういう人を避けるのではなく、むしろ近づいて教えを乞うべきだ。「些細な犠牲によって礼儀正しさは成立している」。エマーソンはこういっている。

言葉遣いや立ち居振る舞いなど、基本的な礼儀というのは、本当は成人したときに一通りマスターしていなければいけない。不幸にしてその機会に恵まれなかったなら、いまからでも遅くない。自分でマスターするようにしたほうがいい。

礼儀の一つひとつは難しくない。単なるルールだからだ。もちろん、それができ上がるまでにはいろいろな歴史があったが、興味があるなら、それも学びながら覚えると、楽しみも増えるだろう。それが面倒ならば、礼儀作法は機械的に覚えてしまえばいい。

マナーは実地で覚えるのが一番だ。礼儀をしっかりわきまえた人を見つけて、その人のまねをする。「覚えよう」という前向きの気持ちがあれば、簡単に覚えられるはずだ。不思議なもので、礼儀を身につけると、それだけで自分に余裕と自信ができる。

「礼儀正しさはその人を飾り、しかも金がかからない」（イギリスのことわざ）

忍耐には硬軟二つの方法がある

忍耐は運命を左右する。

（キャンベル／イギリスの詩人）

忍耐という言葉には、耐え忍ぶという重い感じがあって、好きになれない人もいるだろう。忍耐することを好んで引き受けたい者も少ない。だが忍耐は、キャンベルがいうとおり、人の運命を左右する。それゆえか、忍耐をすすめる名言はたくさんある。

「忍耐は、力以上のものを我らに授ける」（バーク／イギリスの思想家）
「忍耐を持つことのできるものは、ほしいものを手に入れられる」（フランクリン）
「勝利は、よく忍ぶものに帰す」（ナポレオン）

こんな調子だ。しかし、改めてこう並べてみても、あまり触発はされない。「よーし、やってやる！」という気にならない。なぜなのか。先が見えないからだ。人間というのは目先の苦しさになかなか耐えられない。では、どうしたら忍耐強くなれるか。

方法は二つある。一つは忍耐を「カッコいい」と思うことだ。ヤクザ映画のヒーローは、観客がイラつくほど耐えている。あれをまねてみる。誇りを持って臨めばそれはできると思う。

もう一つは、忍耐という言葉を頭からなくすこと。実際は忍耐なのだが、「自分は忍耐している」と思わなければいい。そんなことができるのか。できる。眼前のやるべきことに没入すればいい。

最初から「できない」と思えば永遠にできない

虎と思えば石にだに立つ矢のあるぞかし。

（「恋重荷」／能楽）

石に矢が立つわけがない……道理である。だが、たまには視点を変えて「立つかもしれない」、あるいは「立たせてみるか」と考えてみてはどうか。

それがチャレンジ精神というものだ。物事は「できない」と思ったら、もうその時点でできなくなる。石に「矢が立つわけがない」と思う。そんな思いで矢を放ってもはじき返される。しかし、遠くから「虎だ！」と信じて放てば矢は立つ――この言葉の原典は「石に立つ矢のためしあり」（『史記』）からきている。

気になるのは、いまの若者たちの意識だ。「結婚相手の男性に求める条件は？」との問いに、若い女性たちの答えは「……しないこと」が多かった。「タバコを吸わない」「浮気をしない」。一方、男性もそれを受け入れる気配を見せる。心理学者にいわせると、「……しない」が多いのは、「現状にとりあえず満足し、変化を望まないから」だという。

万事がこの調子ではないか。これではチャレンジ精神など出てきそうもない。最初から「できない」ではなく、とにかくチャレンジしてみる。失敗したっていいではないか。それが若さの特権というものだ。もっと元気を出してほしい。

「卵を割らなければ、オムレツは作れない」（ゲーリング／ドイツの政治家）

もっともっと恥をかきなさい

恥を人の知りたればとて、
何ほどの事かあらんや。

（『ぬれぼとけ』／仮名草子）

アメリカの女性文化人類学者ルース・ベネディクトの『菊と刀』は、戦後の日本では名著といわれているが、この本の中で、彼女は日本を「恥の文化」と規定している。
これを受けてかどうか、日本人は必要以上に恥に敏感になってしまったのではないか。誰だって恥はかきたくないが、必要以上に避けるのもまた愚かなことだ。なぜなら、何を恥とするかは、人によって異なるからだ。
この仮名草子の作者は「恥をかいたからって、何ほどのものか」と開き直っている。ためしに「恥」についての日本の名言を調べてみたら、多くはこの作者と同様に「だから何なの?」という調子だった。
「恥にては人は死なぬものにて侍りけり」(無住/鎌倉時代の僧)
「身に思ひのあらん時は、よろづ恥を捨てて害を逃れよ」(『曽我物語』)
「恥ということを打ち捨てて世の事は成るべし」(『英将秘訣《えいしょうひけつ》』/幕末の思想書)
「拙を蔽《おお》うなかれ、他人に恥ずかしがるなかれ」(正岡子規/俳人)
というようなわけだから、若者たちよ、心おきなく恥をかきなさい。恥を覚悟で思いっきり何かに挑戦して成果を上げてほしい。

世の中は理不尽なものと知れ

人間なんてそんなものよ。
今頃わかったの？
もう一度、よおく目を開けて
人間を見てごらん。

（高峰秀子／女優）

たとえば、上司から「任せる」といわれて始めたことなのに「勝手にやるな」と叱られた——など、こんなことが度重なると、かなり神経がまいってくる。こういうときに感じるのが、人の理不尽さだ。

理不尽とは「無理無体」「道理に合わないこと」である。だが、そんなことでまいっていては、会社勤めはできない。人とはもともと理不尽にできている。世の中には理不尽なことが多い、と覚悟する必要がある。彼女の言葉はそれをいっている。

「生きている以上は種々の日常の不快事を避ける事ができぬ。むしろそれらの不快事が生きている事の証拠である」（和辻哲郎／哲学者）

この言葉も基本的には同じことだ。生きていれば、人はときに理不尽な目にもあう。そういうとき、「これが生きている証拠なんだ」と思えば、ショックで立ち止まったりせずに、次へ進んでいける。

そうすれば、逆のいい目にも巡り合える。人生とは「禍福はあざなえる縄の如し」なのである。よいこともあれば、とんでもなく道理に合わないこともある。それら全部をひっくるめて「人生」なのだ。強い人間はこの覚悟で生きている。

いやなことがあったらこうつぶやいてみよ

気に入らぬ風もあろうに柳かな

（仙厓／江戸時代の僧）

人間は感情の動物である。せっかく機嫌よくしていたのに、人から一言いわれただけでムッとしたり、がっくりきたりすることがよくある。後々まで尾を引いて、せっかくの一日が台無しになったりする。

性格や気質によっても違うだろうが、過敏に反応するのは損だ。自分の人生なのに、他人に左右されるなんてバカバカしすぎる。だが、感情というのは一種の魔物で、なかなか思いどおりにはならない。そんなとき、この「……柳かな」を思い出すといい。

時代劇の一シーン。川があって、橋があって、川端に何本かの柳。その柳の枝が、ゆらゆらと風に揺れている。若い娘が涙顔でそばを通りかかる。

柳は娘の顔をやさしくなでたいと思うが、無情の風が枝を反対方向へ押しやる。柳は逆らわない。風がやむ。柳の枝は反動で戻ってきて、娘の涙を拭いてやる……柳の枝はいつだって風任せだ。

「私はこう勧めたい。何も無理強《じ》いをせぬことだ。何もできない日や時には、後になって楽しめないようなものを作ろうとするより、ぶらぶらして過ごしたり、寝て過ごす方がいい、と」（ゲーテ）。いたずらに感情を制御しようとするなという知恵である。

情報とは過去の産物である

全世界を知って、己自身を知らない者がいる。

（ラ・フォンテーヌ／フランスの詩人）

現代人は情報洪水で溺れかかっているのではないか。百年前でも千年前でもいい。その時代の人と比べたら、私たちは驚くほどの量の情報に囲まれ、たしかに、その中には貴重なものもたくさん含まれている。

だが、百年前、千年前の人たちと比べて、私たちがどれだけ賢くなり、人生を楽しめるようになったかといえば、これはかなり心もとない。少なくとも増えた情報量と比べたら、割の合わないことになっているはずだ。

ラ・フォンテーヌは十七世紀の人だ。そんな昔に彼が感じたことが、いまでもそのまま通用するということは、人間が少しも進歩していないことの証のようなものではないか。十七世紀人と現代人の差は情報量だけである。

しかも、その情報が少しも人間を変えないとは、いったいどういうことか。結局、情報とは話のタネにしかなっていないということではないか。情報は知ったとき、もう過去の産物である。大げさにいえば歴史である。

「人生では知らないことだけが役に立つので、知ってしまったことは役にも立たない」(三島由紀夫)。きっと百年先も二百年先も、ラ・フォンテーヌの言葉に出会って、同じことを感じる人間がいるに違いない。

求めなければ手に入らない

求め続けなさい。そうすれば与えられます。
探し続けなさい。そうすれば見出せます。

（『新約聖書』／「マタイ伝」7章7節）

人間は欲求の動物である。生きるために食物を求め、生き延びるために安全を求める。「あなたは何が欲しい」と聞けば、「何もいらない」という人はまずいないだろう。

こうした人間の欲求をまとめたのが、マズローの欲求階層説である。

彼によれば、人間が求めるものは五つある。
①生理的欲求（食べる、眠る、セックスするなど）
②安全の欲求（危険を回避して安心して生きられる環境）
③社会的欲求（人とつきあい、組織、集団の一員になりたい）
④自我の欲求（自分は価値ある人間であると思いたい）
⑤自己実現の欲求（何かを成し遂げて「やった！」といいたい）
これらの欲求を満足させるために、人間はいろいろな行動をする。すべてをひっくるめれば、「生きたい」ということだが、現実の人間は、この欲求に素直に従っているとはいえない。

食えないのに働かなかったり、好きなのに相手に言い出せなかったり、会社に入りたいのに勉強しなかったり……「求めれば与えられる」ということは、「求めなければダメ」ということ。素直に自分の欲求を認め、真摯に求める生き方をしよう。

考えまで人任せにしてはいけない

君がもし
考えることをせぬ人間であるとすれば、
いったい、君は何のための人間であるのか。

（コールリッジ／イギリスの詩人）

若い人たちにいいたいのは、「自分の頭で考えろ」ということだ。どんなに稚拙であってもいい。あるいは人の考えであっても、いったん自分の中に取り込んでよく考え「なるほど」と納得してから、自分のものにするべきだ。

いま、若者は少し従順すぎないか。こういうと、決まって「そんなことありません」という。では聞くが、君たちは、いまの就職戦線をどう思っているのか。就職難でなかなか内定がもらえないと嘆いているではないか。この現状に対して、私は二つの根本的な疑問を提示したい。

一つは「なぜサラリーマンにばかりなりたがるのか」ということ。もう一つは「なぜ就職業界に文句をつけないのか」ということだ。大学三年になると、勉強そっちのけで会社訪問を始めるなど、バカげていると思わないのか。

そんなふうになるのは、世のしきたりに単純に従い、もたらされる情報を鵜呑みにしているからだ。早い話、相手の言いなりになっている。一度「これでいいのか」と、根本から疑って自分の頭で考えてみてほしい。そうすれば、君たちが、いかに就職情報会社や採用企業の餌食になっているかがわかるはずだ。

「いちばん信頼でき、安心できるのは自分で考えること」（下村脩／化学者）

ほめ上手になっておけ

人間は、たえずほめてやり励ましてやれば、
能力がいちばん伸びる。

（シュワッブ／アメリカの実業家）

数

ある名言のなかで、有名だが、最高の言葉がある。

「やってみせ、言って聞かせて、させてみて、ほめてやらねば人は動かじ」

山本五十六元帥の言葉である。ほめるということには、驚くべき力がある。よく「ほめて、叱って」というが、叱られる効用も、ほめるがあってのことだ。叱られっ放しというのは結果的にダメになる。

このほめると叱るということを、若いときから、しっかり身につけておくと、先へ行って楽である。〈ほめる〉は、目下だけでなく目上にも使えるし、〈叱る〉のほうは、自分が人の上に立つようになったときに生きてくる。

だが、両方を同じレベルで考えて「半々」などと思わないほうがいい。基本はほめるにウエイトを置いて、やむを得ないときだけ叱る、というのがベストだ。この言葉がすすめているのもそういうことだろう。

ほめるというのは、その気になれば、いつでもどこでも誰にでもできること。だが、叱るはそうはいかない。そして、ほめられれば人はうれしい。うれしいだけでなく、ほめてくれた人に好感を持つ。人をほめて損することは一つもない。

「賞賛、実にこれほど麗しいものはない」（永井荷風）

遊ばなければ人間じゃない

遊ぶべきに遊ぶは
なお勤むべきに勤むるがごとし。

（三宅雪嶺／思想家）

「人間の本質は遊ぶことである」といったのは、オランダの文化史学者のホイジンガという人だ。ホモ・ルーデンス（遊戯する人間）という言葉を、どこかで聞いたことがあるだろう。

日本にも昔から似た考え方があった。「遊びをせんとや生まれけむ。戯れせんとや生まれけん。遊ぶ子供の声聞けば、わが身さえこそ動《ゆる》がるれ」。後白河院撰『梁塵秘抄《りょうじんひしょう》』という歌謡集に載っている名歌がそれだ。

人間には遊び心が大切だ。誰もが認める「遊び」だけが遊びなのではない。つらい仕事だって、遊び心を持ってやれば、立派に遊んでいることになる。何かに打ち込んでいる人は、そういう姿勢で取り組んでいる。

遊びと仕事を分ける考え方があるが、これはちょっと堅苦しい。「よく学び、よく遊べ」のような区分けはしないほうがいい。むしろ、人生すべてを遊びと思って、楽しんで生きればいいのだ。

「小児のあそびをこのむは、つねの情なり」（貝原益軒）というが、子供に限らず大人も同じだ。冒険家やスポーツ選手、芸術家などは、ふつうの人が敬遠するような試みに挑戦したり、ものすごい努力をするが、それを支えているのは遊び心なのだ。

子供を産み育てる喜びを知っているか

人の身には、子ほどの宝、よもあらじ。

（『文正草子』／御伽草子）

国 家財政が苦しいから消費税値上げをお願いしたい……政府がこういうと、日本人は「仕方がないか」と寛容な態度を示す。このことは世論調査からも明らかだ。それほどお上に従順なのに、なぜか少子化問題には興味を示さない。協力しようという姿勢が、ほとんど感じられないのはなぜなのか。

「子育ては大変だ」という社会通念が国民の間に定着しているからだろう。何が大変なのか、別に突き詰めて考えたわけではなく、何となく「そういうものだ」と信じているのである。まあ、たしかに親になるのは楽ではない。成人までを親の責任と考えれば、二十年間、そこから逃げ出せないのだから。

その間の親の責任と経済的負担を思えば、尻込みするのも仕方がないのかもしれない。だが、一つ大切なことを忘れてはいないだろうか。子を持つということには、ほかに代えられない大きな喜びがあるということ。それを語ったのがこの言葉である。

また、先人たちはこうもいっている。

「子供さえあれば、大抵貧乏な家でも陽気になるものだ」（夏目漱石）

「人間の宝には、子に過ぎたるものこそなかりけれ」（『保元物語』／鎌倉時代の軍記物語）

「子供のいっぱいいる家では悪魔は無力」（クルディスタンのことわざ）

得ようと思ったらまず与えよ！

われわれの隣人の繁栄は
結局われわれの繁栄である。

（ラスキン／イギリスの思想家）

「自分より他人を優先せよ」とか「世のため、人のために尽くせ」などというと、「きれいごと」と受け取られかねない。実際、口でそういいながら、現実は自分の利益を図る輩もいるから、そう受け取られても仕方のない面もある。

しかし、そこで終わらせてはダメだ。本気でそう思って実践しながら、この言葉どおりに自他を繁栄させている人間もいるからである。私の知っている実業家の中にも、そういう人はけっこういる。

いまのような経済至上主義の競争社会では、このことはなかなか理解されない。まして若い人たちは「そんなのは大人の騙りだろう」と信用しない。無理もない。私だって若い頃は同じように思っていたからだ。

だが、人生経験を積んでくると、だんだんわかってくることがある。それは世の中というのは、案外、公平にできているな、ということだ。人間がどうの、社会制度がどうのという前に、まるで天の配剤のごとく、他人優先の発想はどこかで帳尻が合うのだ。

それをゲーテはこんなふうに表現している。「得ようと思ったら、まず与えよ!」「君の値打ちを楽しもうと思ったら、君は世の中に価値を与えなければならない」

日本にも「情けは人のためならず」という、有名なことわざがある。

「すぐすること」に意味がある

決心する前に
完全なる見通しをつけようとする者は、
決心することができない。

（アミエル／スイスの哲学者）

なかなか決断できない人がいる。身近なところでは、レストランのメニュー選び。あれにしようか、いやこっちか、待てよ、これがいいか……給仕だけでなく、連れまでじれったくなってくる。

メニューなどいくら迷ってもいいが、しなければならない決断のときはちょっと困る。すぐ決断できないのは、「よりよい選択」にこだわるからだが、その場になってグズグズするのはよくない。決断とは「すること」に意義があるからだ。

考えの足りない人が、いざ決断という段階で迷う。すぐ決められる人間は、前もって思案をめぐらせている。

「考えれば考えるほど、空まわりして、あやふやになることが多い。決断とは、あるものに出会った瞬間に、今までと違う場にジャンプする行動なのである」（福井達雨／教育家）

この言葉は、何かその場で安易に決断したように感じられるかもしれないが、決してそうではない。確固たる信念や経験の総括、反省、準備、計画……そういうものがあるから、急に決断を迫られてもすぐに応じられる。チャンスを逃さない人は、決断の早い人であることを忘れてはいけない。

人に会う機会を逃すな

その好むところを見て、以てその人を知るべし。

（王陽明／中国の思想家）

シャーロック・ホームズは、道行く婦人を一目見ただけで、「どこの生まれで、いまどんな悩みを抱えている」ということまでピタリと言い当てる。あなたもそんな人間になってみたいと思わないか。

占い師は職業的経験から、人相風体、相手の口調などで、かなりのところまで人を見抜くことができる。「そんなのは特別だろう」と思ってはいけない。世の中には、会って三十分も話せば、ホームズ顔負けの判断を下せる鋭い観察眼の持ち主がいるからだ。これは神業でも何でもない。

その人がどんな食べ物を好むか、どんな服装をしているか、どんな口調で話すかを見るだけで、人となりの見当がつけられる。王陽明の言葉は、そういう能力を養えということである。

もう一つ、人を見る有力な手がかりがある。当人の仲間たちだ。本人がいくら猫を被っても、仲間を観察すれば、当人の人となりを雄弁に語ってしまう。

「その人を知りたければ、その友を見よ」(孔子)

「あなたのお仲間を見れば、あなたのお人柄がわかります」(セルバンテス)

これも覚えておくといい。

いくらしても、し過ぎることはない

一日一回、自分の受けている
すべての恵みに対して感謝しなさい。
そうすれば、恵みが途絶えることは
ありません。

（マーフィー／アメリカの牧師）

感謝の気持ちを、具体的なかたちで表明したほうがいいということだ。誰でも感謝の気持ちは持っているものだが、素直にそれを表せない人もいる。たとえば、奥さんに「ありがとう」がいえない。男にはそんなシャイなところがある。

奥さんも、ご主人に「あなた、ありがとう」といいたいのだが、向こうだってふだんからいわないのだし、いまさらとってつけたような感謝の言葉など、何か魂胆があると思われかねない……などと考えて、結局いわないですませてしまう。

感謝に関連して、もう一つ人々が誤解しているのは、「すべきときにすればいい」と思っていることだ。そういう種類の感謝もあるが、マーフィーがすすめている感謝は、もっと幅広い。

理由を探すのではなく、自分がいまあるだけでも、感謝すべきだということ。「自分の受けているすべての恵み」に対して感謝するとなると、いくらしても「しすぎる」ということがない。

「感謝すべきか」などといちいち検証していないで、何に対しても感謝してしまえばいい。されれば人間、悪い気はしないし、自分も気持ちが安らぐ。人間関係もうまくいく。感謝は誰もがいい気分になって、しかも副作用がない人生の妙薬なのだ。

必要とあればいつでも変われる自分でいろ

君子は豹変す。

（『易経』／古代中国の占術書）

ビジネス雑誌の広告に「なぜ、あなたは変われないのか?」という見出しがデカデカと出ていた。やらされ感克服、悲観症克服、意欲ダウン克服、リスク怖い病克服……要するにマイナス思考にとらわれがちな人に「前向きに変われ」ということらしい。

しかし、私は「人間、無理して変わる必要はない」と思っている。にもかかわらず『易経』のこの言葉を取り上げたのは、「いつでも変われる自分である」ことは大切だと思うからだ。

「君子は豹変す」は、これまでよい意味には使われてこなかった。急に態度を変えた人を揶揄《やゆ》するときに用いる言葉だった。近頃は世の変化が激しく、方向転換を余儀なくされることも珍しくない。それで「朝令暮改」と並んで、「君子豹変」も肯定的に使われ出した。

言葉の本来の意味が理解された点で、これはよい傾向である。ただし、よく思案もせずに「変わろう」などと思わないこと。「いまの自分がベスト」ということもある。変わるばかりが能ではない。

ただ、変わるべきときに、サッと変われる自分であることも大切なのだ。そういう柔軟性を身につけてほしい。

一人で抱え込まない

喜びは人に分かつと二倍になり、
苦しみを人に分かつと半分になる。
（ティートゲ／ドイツの詩人）

よいことがあったら、できるだけお裾分けをする。そうすれば、自分だけの喜びが広がっていく。逆につらいことや悲しいことがあったら、人に打ち明けてみる。そうすると、つらさは減っていく……そういう意味である。

日常的に経験している人もいると思うが、昨今は喜びも苦しみも、自分一人で抱え込む人が少なくない。職場でうつ病が増加しているのも、こうした傾向がその一因と思われる。こんな人がいる。

四十代で順風満帆のサラリーマン生活を送っていた男性。ある日、歯痛に悩まされ、午前中に歯科医院に寄り、遅く出社してみると、上司からこういわれた。「顧客からクレームがあって、私が処理をしておいたから」。完璧主義の彼は、それがきっかけで自信をなくし、らしからぬミスを連発、ほどなく「うつ病退社」を余儀なくされた。

後で聞いてみると、きっかけとなったクレームは些細なこと、上司が処理したというのも、ただ謝っただけ。要するに彼が悩むような「大事」ではなかったのだ。だが、内に抱え込む性質の彼は、誰にも相談せず、一人で勝手に悩みを拡大し、自滅したのだ。

よいことも悪いことも独り占めせず、みんなと分け合おう。それができる人間関係を日頃から築いておくことが肝要である。

つねに他人の協力を得られるよう努力せよ

どんな偉大な人でも、
他人の協力なしでは、
その実力を発揮することはできない。

（カーネギー／アメリカの実業家）

どんなに実力があっても、仕事は他人の協力なしには為しえない。それがわかったうえで、人材を上手に活用できるのがすぐれた経営者であり、リーダーの立場である。

アメリカの鉄鋼王カーネギーという人は、貧しい移民の子供で、十代から働き出したため学校へはろくに通えなかった。

それゆえ、自分の能力の限界をよく知っていた。そこで彼が編み出した戦略が、「他人の協力を取りつける」ということだった。

有能な人材を集めて、適材適所に配置し、嬉々として働けるよう、あらゆる努力を惜しまなかった。資本主義勃興期のアメリカで、こういう戦略をとる経営者は少なかった。

カーネギーは生涯、このポリシーを貫き通して大成功した。そして、墓碑銘に「自分より賢い者たちに取り囲まれた男ここに眠る」と刻ませた。

晩年のカーネギーは、稼いだ金でカーネギー財団を設立、資産のほとんどを社会に還元した。富豪が社会還元する伝統は、マイクロソフトのビル・ゲイツにも受け継がれている。

「始まりは歩み寄りで、分裂しなければ進歩で、力を合わせることができれば成功である」

（ヘンリー・フォード）

人はライバルを得たとき最も成長する

敵の長所を認めることができるなら、それより大きな利益は容易に得られない。これによって、敵に対し決定的な優位が与えられる。

（ゲーテ／ドイツの文豪）

人にはへんな習性があって、自分が嫌ったり、敵視している人や事柄に対して、意外に無知なものである。約五十年前、日米安全保障条約の改定に反対する学生運動が盛り上がったことがある。

当時、学生運動の幹部だったある男は、新聞記者の私にこういった。

「ここに集まっている大半の学生は、自分たちがなぜ反対しているのか、まるでわかってないんだ」。

おそらく大昔からそうだったに違いない。よく知られる「敵を知り、己を知れば百戦して危うからず」という『孫子』の名言は、こういう事情を前提につくられたものではなかったか。そんな気がする。

ゲーテがここでいっているのも、基本的には『孫子』の兵法と同じことである。敵の短所とはいわば弱点である。戦いの要諦は敵の弱点をつくところにある。だが、それだけでは不十分だ。

敵の強み、つまり長所も把握することで、はじめて戦略が完成する。「優位に立てる」というのはそういう意味だろう。現代に生きる私たちも、さまざまなかたちでライバルを持つ。そのとき、この言葉を参考にしよう。

超福祉国家の国民は本当に幸せなのか

あらゆる堕落の中で、最も軽蔑すべきものは、他人の首にぶら下がることだ。

（ドストエフスキー／ロシアの作家）

善意が善意として通用しても、必ずよい結果を生むとは限らない。ヨーロッパ十三カ国の国民一万五千人に「あなたは幸福か」と聞いたアンケート結果がある（独ハンブルグ未来研究財団ほか調査）。

それによると、晴れの第一位に輝いたのは超福祉国家デンマーク。実に九六％の国民が「幸福だ」と答えた。二位はギリシャ（八〇％）、三位イタリア（七九％）。ドイツは十三か国中十一位（六一％）だった。この結果をどう見るか。正直いって、デンマーク国民の幸福度九六％は高すぎる。先進自由主義国家で、この数字は不吉である。

次にギリシャとイタリア。両国はともに財政危機の国だ。国民幸福度の高さとは、バラマキ福祉の結果である。国民が国の首にぶら下がっているとしか思えない。子供に飴をしゃぶらせれば機嫌がいいのと同じだ。それで国がうまくいくならいいが、財政破綻《はたん》を招いているのだから世話はない。

デンマークが破綻しないのは、重税国家だからだ。国民が国の首にぶら下がっていることに変わりない。個人的なことをいえば、私はこんな国で人生を送りたくない。国に飼い殺しにされているような気がするからだ。

嫉妬は賞賛の一種だ。

（ゲイ／イギリスの詩人）

こういう言い方をする人は珍しい。嫉妬とは、妬《ねた》み、嫉《そね》みの感情だから、一般に好ましくない感情と理解されている。好ましくはないけれど、誰もが持つ感情であり、持ちたくなくても、勝手に持ってしまうものだ。

では、嫉妬にはどう対処したらいいか。一つは比べないことである。「嫉妬はつねに他人との比較においてであり、比較のないところには嫉妬はない」（ベーコン）。比べなければ、嫉妬は起きない。

もう一つの対処法が、ゲイのいう賞賛である。嫉妬を感じたら、無理をしてでも相手を賞賛してしまう。羨望するのと賞賛とでは、こちらの感情に違いが出てくる。賞賛のほうが、気持ちにゆとりが生まれる。

できたら、その賞賛の気持ちを相手に伝える。そうすれば相手も悪い気はしない。嫉妬して横を向いていては、人間関係もうまくいかない。それより相手を賞賛してしまう。これなら、うまくいく。

嫉妬の怖いところは、人間関係を悪化させることだから、それを避けられるだけでも、賞賛はよい方法である。

人生はいまを楽しむためにある

ランプがまだ燃えているうちに、
人生を楽しみたまえ。
しぼまないうちに、バラの花を摘みたまえ。

（ウステリ／スイスの詩人）

か りにどんな境遇、環境に置かれても、人生を楽しむ姿勢を持って生きるのがいい。もし、いまが苦しくても「楽しみを期待するのもひとつの楽しみである」（レッシング／ドイツの劇作家）という姿勢が欲しい。

「期待だけじゃつまらない」といってはいけない。子供の頃にこんな経験はないか。遠足の前日、準備万端整えて布団に入っても、ワクワクして眠れない。それほど遠足への期待は大きい。

だが、実際に遠足に行くと、歩いて疲れてのどが渇いて……と、けっこうしんどい思いをさせられる。期待していたほどの楽しみが感じられない。むしろ前の晩に布団の中であれこれ想像していたときのほうが楽しかった……。

人生は山あり谷ありだから、楽しめるときに楽しんでおかないと、後で後悔することになる。「楽しみはしばしば訪れる客であるが、苦しみは無残にもわれわれにまとわりつく」（キーツ／イギリスの詩人）

そのとおりだ。楽しみと苦しみは、お客と家族くらいの差がある。よく訪ねてくれるお客でも、家族とではかかわる時間も質も違う。不景気でお金がないとか、誰がどうだなどといっていないで、いまを楽しむことにもっと貪欲になるべきだろう。

努力は私たちを絶対に裏切らない

努めてやまず、君子の人に勝る所以《ゆえん》なり。
怠りて努めず、
衆人の君子に及ばざる所以なり。

（貝原益軒／江戸時代の儒学者）

努力のよいところは、運によらずとも一定の成果を手にできること。つまり、やっただけのことは報われる。受験勉強などはそれがはっきりと確認できるが、社会に出るとそう単純ではなくなる。
努力しても、サボっていた人間がひいきで得をしたりする。そのため、純粋に努力することをバカらしいと思う人も出てくる。だが、そんなことで努力を放棄してはいけない。なぜなら、いちばん努力している人間は、実は天才たちだからである。
「九九％までが努力、一％が才能」（チャップリン）
「一％の霊感と九九％の発汗」（エジソン）
申し合わせたように努力を強調している。天才に努力は不要のようだが、実際はそういうものではないらしい。また、こんな努力への考え方もある。
「努力は才能である」（ウィリアム・ジェームズ／アメリカの心理学者）
「運命はすべて神様にお任せして、私はただ努力のみが人間の本体だと思って努力している」（河合良成／実業家）
かくなる次第であるから、私たちも人の才能をうらやむ暇があったら、天才たちに倣って大いに努力をしてみようではないか。

自信を持つにはどうしたらいいか

自信は成功の第一の秘訣である。

（エマーソン／アメリカの詩人）

説明の必要がないほど、簡明な忠告である。これと同じ内容で次のような名言もある。「勝てると思えば勝てるのだ。自信こそ勝利の条件である」（ハズリット／イギリスの評論家）。ただ、意味は理解できるが、どうすれば自信を持てるかの説明がない。

どうすれば自信が持てるか。けっこう難しいテーマだが、次の先人たちの名句は参考になるかもしれない。

「総じて修行は、大高慢にてなければ、益《やく》に立たず候」（山本常朝）

「世にも強きは自らを是なりと信ずる心なり」（徳冨蘆花／作家）

「自分は有用な材であるという自信ほど、その人にとり有益なことはない」（カーネギー）

どうやら、さしたる理由などなくてもいいから「俺はやれる」という自信を持てということらしい。それもいいだろうが、一つのアイデアとして「小さな成功を経験する」のもいい。

自分で計画を立てて「こうなれば成功」と決めて実行してみることだ。中味は人が聞いたら笑ってしまうようなことでも何でもいい。何度か小さな成功をすると、自然に自信がついてくる。自信と成功は、ニワトリとタマゴの関係かもしれない

日本の母の子育ては甘すぎるのか

慈母に敗子あり。

（『史記』／中国歴史書）

慈

しみ深い母を、慈母という。敗子は日本語の辞書にはないが、中国ではこういう言い方をするらしい。要するにダメ息子、ダメ娘のことである。いい母親から、なぜダメな子が育つのか。疑問に思われるだろう。

子を思う母親の気持ちは、しばしば感情的になりやすい。そうなれば、どうしても子供を甘やかすことになり、結果的に社会で使いものにならない人間を育ててしまう、ということだろう。中国の子育ては、日本よりはるかに子にきびしい。

中国で理想とされる母親は「孟母三遷」の逸話からもうかがえる。孟子の母親は、幼い孟子のため、周辺環境を考えて三度引っ越しをした。日本では溺愛母でもあまり批判されないが、中国ではきびしい母親のほうが評価される。このことは礼法書『礼記』を眺めただけでもわかる。

中国に限らない。ドイツにも「慈母敗子」に似た名句がある。「盲目の母性愛のために破滅した人間は、危険な小児病のために破滅した人間より多い」（オットー・ライクスナー／ドイツの作家）。何とも母親にきびしい見方だが、性悪説前提の社会では、真に子のために、きびしく育てるのが母親の役目ということか。そう考えると、日本の母親の子育ては世界標準から見ると甘すぎるようだ。

それはすでにあなたの手の中にある

未来とはいまである。

（ミード／アメリカの文化人類学者）

これは覚えておく価値がある言葉だ。過去、現在、未来については、昔からいろいろなとらえ方がある。

「過去のものは人間がいかなる態度をとるべきか教える力がない」（ヤスパース）

「現在はその一部が将来、他が過去である」（クリシュッポス／古代ギリシャの哲学者）

「未来は過去の再来に過ぎない」（ピネロ／イギリスの劇作家）

人によって考え方が異なるので、どれを採用していいか迷うところだ。ごく一般的にいえば、過去は過ぎ去った時間、未来はこれから来る時間、そしてわれわれが生きている「いま」の時間が現在ということになるだろう。

では、ミードがいう「いまが未来」とはどういうことか。食べ物で考えればよくわかる。過去は食ってしまった飯、現在は口中にある飯、そして茶碗によそわれ、食卓にある飯が未来である。

つまり、未来は手が届く。だから「いま」というのがミードの考え方だろう。これは前述のクリシュッポスの考えに近い。未来を「これからやって来る時間」と見ないで、いまの時間においてみる。そうすれば、すでに自分の手中にあることがわかるはずだ。

よくも悪くも人生の風景は一変するものだ

人間の生活や
その一生の運命を決めるものは、
一瞬間のほかありません。

（ゲーテ／ドイツの文豪）

有

為転変とは、『方丈記』の「ゆく河の流れは絶えずして、しかも、もとの水にあらず」(鴨長明)と同じである。人生というのは、同じことの繰り返しのようでいて、どんどん移り変わっていく、ということだ。

古代ギリシャの哲学者ヘラクレイトスのいった「万物は流転する(パンタ・レイ)」と同じである。それをゲーテは「一瞬にして劇的に変わる世界」としてとらえた。これは新鮮な見方である。

なぜなら、現実の人生は、緩やかな変化として現れる。平凡な日常が繰り返し続く中で、少しずつ変わっていく。だが、そんな人生ばかりではない。あの大震災のように、一瞬にして変わってしまうこともある。

震災による変化は暗転だが、よいほうへ一瞬で変えることもできるのだ。それを可能にするのが人間の決断である。実際、逡巡や準備期間はあるかもしれないが、決断そのものは一瞬のことである。ゲーテはそれをいっているのだ。

平凡な日常が続いていると、ずっとその延長線上でいける気がする。まして、そこそこ満足だったら、「このままでいい」と思うだろう。だが、それは違う。どんなに変わらないように見えても変わる。それが有為転変ということだ。

本書は二〇一一年一二月に朝日新聞出版より出版された
『20代から折れない自分をつくる100の言葉』を改題改定したものです。

20代を「どう生きるか」を教えてくれる100の言葉

著　者　川北義則
発行者　真船美保子
発行所　KKロングセラーズ
東京都新宿区高田馬場4-4-18　〒169-0075
電話（03）5937-6803（代）　振替 00120-7-145737
http//www.kklong.co.jp

印刷・製本　大日本印刷（株）
落丁・乱丁はお取り替えいたします。※定価と発行日はカバーに表示してあります。
ISBN978-4-8454-5181-4 Printed In Japan 2023